子どもと親のきずなを深める

やさしい声かけ

著 鈴木あきえ
NHK『すくすく子育て』制作班

Gakken

はじめに

こんにちは、鈴木あきえです。

この本を手にとっていただき、ありがとうございます。とってもうれしいです。

私は17歳から芸能活動を始め、プライベートでは2018年に男の子、2020年に女の子を出産して、現在は働きながら二児の母をしています。


幼い頃から家族を持つことへの憧れが強く、「母になること」は私の1番の夢でもありました。

だからこそ、振り返ると育児の理想がとんでもなく高かった。

母になり、自分を責める日々が続いていました。

そんなときに出合ったのが、NHK『すくすく子育て』という番組でした。


子どもの成長に関する知識だけでなく、育児に向き合う親の心の持ちかたなども教えていただき、毎回の収録で肩を少しずつほぐしてもらえた気がします。

この本は、そんな『すくすく子育て』制作スタッフ、番組でも長年活躍されている専門家の先生方、私とで、毎日の子育てにおけるさまざまな疑問、困りごとに関して対談をしています。

この対談を通して、改めて気づいたこと。
それは「子育てに絶対的な正解はないということ」「子育ては私たち親の考えかたや、心のありかたをほんの少し変えるだけで、見える世界がガラッと変わること」。
子どもとの関係に悩んだときに、声かけのパターンや、
子どもの心の内をいくつも知っていることは、我々にとって心強い支えになります。

でも……きっと正解は、私たち親子の中にある。
先生方からもらったやさしい言葉を、自分たち家族色に染めて
ベストを模索し続けることが大切だな、と思ったんです。
そして声かけ以前に重要なのは、私たち親の心の状態や外部環境。
この本を読みながら、子どもの心と同じくらい、「自分の心の状態は今、どうなのか」
ということも、いっしょに見つめてもらえたらうれしいです。

この本を読んだみなさまが、少しでもお子さまと向き合う時間を楽しめたり、
笑顔が増えたり、自分をほめてあげることができますように♡

鈴木あきえ

目次

第3章

きょうだい、友だち関係が大変な子どもへの声かけ

第4章

子どもを成長させたい親の声かけ

第5章

子どもの気持ちがわからない親の声かけ

第6章 子どものことで悩んだときの声かけ

第7章 子どもから難しい質問をされたときの声かけ

本書で対談してくださった先生たち

（五十音順）

遠藤利彦先生

東京大学大学院教育学研究科教授、同附属発達保育実践政策学センターのセンター長で、心理学者。専門は発達心理学、感情心理学、進化心理学。養育者と子どもの関係性と子どもの社会情緒的発達／感情の進化論・文化論を研究している。

大日向雅美先生

恵泉女学園大学学長、専門分野は発達心理学。学術博士（お茶の水女子大学）。半世紀余り、母親の育児ストレスや育児不安を研究。NPO 法人あい・ぽーとステーション代表理事として、子育て家族支援にも注力している。

北山ひと美先生

和光小学校・和光幼稚園前校園長。一般社団法人"人間と性"教育研究協議会（性教協）の代表幹事で、性教協乳幼児の性と性教育サークル代表を務める。幼稚園や小学校の現場で、性教育のカリキュラムづくりを進める。

柴田愛子先生

私立幼稚園勤務を経て、1982 年に"子どもの心に添う"を基本姿勢とした「りんごの木」を発足。現在は代表を務める保育者。講演や執筆活動を行いながら、"子どもと大人の気持ちいい関係づくり"を目指す。

第1章

『すくすく子育て』は子育て人生のごほうび

鈴木あきえ

Suzuki Akie

子どもの声かけで気をつけているのは「上から目線」にならないこと

2024年春まで『すくすく子育て』で司会を担当。
今回、この本の著者として
専門家の方々と対談した鈴木あきえさんに、
家族や子育てについて伺いました。

実家のように明るく楽しい家庭にするのが目標

現在、5歳の長男と3歳の長女の子育て中です。長男は好奇心旺盛で、いろいろなことを疑問に思って知りたがるタイプ。コミュニケーション能力が高く、友だちをつくるのが得意ですね。長女は気持ちの表現がうまく、はっきり物事を言う性格。外遊びが大好きで、小さい頃の私に似ています。兄妹でケンカもたくさんしますが、仲良しですね。

基本的に我が家は、明るく楽しくアクティブな家族。2024年は家族のテーマを〝旅・体験!〟と決め、休日はお出かけばかりしています。夫が企画をして、栃木、大阪、千葉、箱根などに行ったのですが、子どもたちも大喜びでした。

実は私の実家も明るく楽しい家族で、子どもの頃から自分の家族が大好きでした。「私はこの家に生まれて良かった」と思っていたし、父はやさしく、母は明るくて面白く、姉や弟とも仲が良かったので、家に帰るのが楽しみでしかたなかったんです。だから、うちの子どもたちにも私が思ったのと同じように、「この家に生まれて良かった!」と感じてもらえたらうれしいといつも思っています。

出産当初は育児や家事で夫とぶつかることも

夫とは今では子育てや家事の分担にも慣れてきましたが、長男が生まれた当初は大変でした。出産までは親友のように仲が良くて、ほとんどケンカもしたことがない夫婦。でも長男が生まれてから摩擦が起こってしまい、ケンカが絶えない日々になりました。

原因は妊娠・出産を経て、私は親として生活や環境がガラッと変わったのですが、逆に夫は全然変わらなかったこと。育児や家事の分担を決めて可視化するなどの努力もしたのですが、それもなかなかうまくいかず、どうしたらいいのか悩みました。

そこで長男が1歳4ヶ月くらいのときに、思いきって泊まりのロケの仕事に行くことにしました。私はこの日はなにもできないから夫と長男のふたりで過ごしてほしいと出かけたところ、帰宅後に夫から「思っていたよりも大変だった。これまでごめんね」と言われました。それ

からは夫もじょじょに意識が変わり、いろいろなことに気づいて自らやってくれるように。私が仕事のときには一人で育児にはげんでくれたり、『すくすく子育て』で得た育児の知識をシェアしたりしていたら、夫の育児力がメキメキ上がっていきました。なので、もし同じような悩みを抱えている人がいたら、思いきって夫と子どもをふたりきりにしてみるのもおすすめです。

親になる前は子どもをしかっている子育て中の人を見ると、「どうしてこんなにかわいいのに、しかるのだろう」と不思議だったんです。でも自分が親になってみると、しかってしまうことだらけ。子育てへの理想が高かったぶん、どうしてこうなってしまうのだろうと自分の未熟さによく落ちこみました。

そのようなとき『すくすく子育て』の収録に臨むと、収録でごいっしょした専門家の先生たちの言葉に「もしかしたら私はがんばれているのかも」とはげまされましたね。できていない親はいない！　これ以上がんばらなくても毎日、十分がんばれているし、できないところよりもできているところに目を向けようと、ダメだと思っていた自分を受け入れられるようになっていきました。

（上）長男が生まれて育児の大変さを痛感しているときに、やっと外出できるようになった頃、（右下）春休みに熱海にお出かけ。イースターが開催されるなか、アクティビティもエンジョイ、（左下）家族で那須へ旅行。みんなで仲良く川遊びや宝探し、遊園地など大満喫。

パパやママのご機嫌が良くないと子どもにとっても良くない

日々の生活の中で子どもへの声かけで気をつけているのは、上の立場から言わないようにすること。子どもは同じ家で暮らす共同生活者。たった30年、私が先に生まれただけなので、みんなが気持ちよく暮らせるように命令や指示はしないように気をつけています。とはいえ、カッとなり命令してしまうこともあるのですが、そういうときは子どもたちから「〇〇しなさいって言わないで」と注意されることも。なので「〇〇してくれる?」と言うように意識していますね。

あとは以前にベビーサイン（まだ言葉を話せない赤ちゃんと、手話やジェスチャーを使ってコミュニケーションする育児法）の資格を取ったのですが、子どもがまだ言葉を話せなかったときに、言葉以外の手のサインで意思疎通ができたのは助かりました。

でも声かけって言葉以前に、親の状態も大きく影響すると思うんです。例えば子どもが同じことをしても、普段ならなにも思わないのに、自分に余裕がないとしかってしまいます。つまり、自分を大切にできていないと、子どもにもプラスにならないと気づいたんです。

（上）子どもたちが起きてくる前に、大好きなカフェラテを飲むごほうびタイム、（下）ピラティスで心身を整えて、一日を元気にスタート。

そのため、「私、最近ちょっとイライラしているかも……」と思ったら、周りに協力してもらってひとり時間を確保したり、とにかく自分を大切にする時間を取っています。その方法は人によって違うと思いますが、私の場合はひとりになることで気持ちに余裕ができるように。最近はちょっと早起きをしてピラティスをしたり、ひとりでカフェラテを飲む時間がお気に入り。パパやママがご機嫌でないと、子どもも幸せじゃないんですよね。子育てって子どもとだけでなく、自分と向き合うことも大切なのだと知りました。

我が家では寝る前にその日の良かったこと、楽しかったことを子どもたちと話しているのですが、そうすると子どもも「ママの今日の料理はおいしかったよ」など、私のこともほめてくれるんです。自分の機嫌が良ければ、鏡のように子どもたちも親にやさしくしてくれるのがうれしいですね。子どもたちには自分の気持ちが言える大人になってほしいし、いつまでもささいなことでも話せる仲良しな家族でいられたらいいなと思います。

『すくすく子育て』が私の子育てに伴走してくれた

自分が親としてスタートしてからの5年間、『すくすく子育て』に携われたことは私の人生のごほうび。ラッキーなことだと思い、とても感謝しています。

親を完璧にやりたいと思っていたけれど、そうじゃなくてもいいことを知れて、良い意味でガチガチでなく肩の力が抜けた子育てができるように。子育てに正解はないことがわかり、育児に臨む気持ちを変えてくれました。

これからも悩むことはあると思いますが、声かけだけでもいくつかパターンを知って引き出しを増やしておけば、それが役に立つと思います。みなさんもこの本でぜひ育児の引き出しを増やし、ときにはリフレッシュしていっしょにご機嫌なパパママを目指していきましょうね。

Profile

1987年、東京都生まれ。タレント、リポーターとして活躍中。2007年〜2017年までTBS『王様のブランチ』でリポーターを務め、2019年から5年間にわたりNHK『すくすく子育て』の司会を担当した。5歳と3歳の子育て中。

第2章

大人を困らせる子どもへの声かけ

01 大人を困らせる行動ばかりする！

「困ったよね、さみしかったよね」

あきえさん　我が家でも子どもが困った行動をすることはよくあります。そういうときに私がよくやるのは〝ミッション作戦〟。「あなたにしか頼めないミッションなんだけど……」とお願い形式にすると、子どもたちは基本的には親を助けたい気持ちがあると思うので、聞いてくれることが多いです。番組では親の気を引こうと上の子どもが下の子どもにものを投げるなどの困った行動もありましたね。

柴田先生　大人が困る行動を子どもがするときは、実は子どもも困っている場合が多いんです。そしてその行動に対して大人が困っているんですよね。まず考えることは**子どもが困らせる行動をする背景には、なにか理由があるということ**です。

あきえさん　気を引こうと下の子どもにものを投げるケースではどうですか？

柴田先生　困って気を引こうとしているのがわかっているならば、「そんなことしてはダメ」としからずに、「困ったよね、さみしかったよね」と言って近くに行ってあげてください。子どもは親に好かれたいはず。なのに、困った行動をするのは、親に気持ちをわかってほしいから。ものを投げるのは「私は最近大切にされて

#2歳

大事なのは

むやみにしからず、大人を困らせる背景を考えてみること

なくてさみしいの。困っていることをわかって」という合図だと思います。本当に困っているのは大人ではなく子どもなんだから、子どもを見てあげればいいんじゃないかと思いますね。

あきえさん　**子どもの今の気持ちを親が言語化してあげることが大切**だと、私も番組でたくさん教えてもらいました。子どもが困っていることに「困ったね」と言うことが最初の一歩なんですよね。ついついそこをすっ飛ばしがちですが、まずはワンクッション置くことが必要なんですね。

柴田先生　気持ちを受け止めてもらえれば子どもも落ち着くので、そこから〝ミッション作戦〟などをやるといいかもしれません。

02

遊びに夢中で親の話を聞いてくれない！

「あなたのやりたいことはわかるけれど、こちらの話も聞いてね」

柴田先生　子どもが話を聞いてくれないとよく言いますが、大人は子どもの話を聞いていますか？　大人の都合で「行くよ」など子どもを動かそうとするから難しいわけで、それはすべて親の気持ちなんです。そのため、「あなたのやりたいことはわかるけれど、申し訳ないけれどもうすぐ時間なのよ」と一度、子どものことを受け入れたうえでお願いしましょう。

親の気持ちで動く子どもはなかなかいません。いるとすれば、それは親の言うことを聞かなければ恐ろしいことがあるかも…嫌われてしまう…おやつぬきか……などと怖がっている子どもです。命令だけを聞く、丸のような枠の中に子どもを押しこもうとする状況が続くと、心の動かない子どもになってしまいかねません。

あきえさん　私も以前、その話を聞いて、**自分も子どもを表情のないのっぺらぼうのような丸に収めようとしていた**とハッとしました。「表情のない丸に収めて個性や面白みのない子どもにしたいの？」と言われて反省。たとえとがったり凹んでいても、その子どもにしか咲かせられない花を咲かせてあげるサポートが大事ですよね。それからは急いでいてもなるべく子どもの世界に一度入ってみることにしたんです。例

#2歳　#3歳

えばおままごとをしていたら「私にも料理をつくって」など、ほんのちょこっといっしょに遊ぶことで、子どもは満足してくれる。時間にして2～3分くらいですが、そうするとその後の話を聞いてくれることが増えました。

柴田先生　**親が一度、自分を受け止めてくれたことで、子どもは落ち着いた**んでしょうね。でも朝の忙しいときなど、なかなかそうはいかない。そういうときは「行きます！」と抱きかかえて、実力行使でもいいかもしれません。

子どもは遊びから覚めるのに時間がかかります。なので、例えば決まっている時間があるのならば15分くらい前から「もうすぐ時間だよ」と、言い続けるのがおすすめです。

大事なのは

命令しすぎて、個性のない子どもにならないようにすること

03

わざと危険ないたずらをする

「危ないから気をつけようね」

柴田先生　〝本当にわざと〟しているのであれば、そうしないと子どもの気持ちが大人に届かない状況なのではないでしょうか。**大人を困らせてまでわざとやるのは、子どもなりの必然がある**はずなんです。例えば親の気を引くためにわざとやっているとわかるのであれば、上から目線ではなく子どもがそうする理由を考えてみてください。

あきえさん　それでは、本当にわざとしていることが、危険ないたずらになってしまっているときは、どうしたらいいのでしょうか？

柴田先生　〝本当にわざと〟と言いましたが、わざとか、わざとじゃないかというのは親の主観なんですよね。例えば1歳くらいになると、子どもはものを投げられるようになります。その時期に子どもがものを投げるのは、身体が発達したから。わざとではなく、発達上「できるようになった動き」を見てほしいんです。なのに、それを大人がいたずらと言うんです。

もし危ないことをしたならば、「危ない」「痛いよね」「気をつけようね」など、起こったことだけに対して声かけをすればいいと思います。それをわざとか、わざとじゃないかで考えるのは、ちょっといじわるかもしれません。

#1歳
#2歳
#3歳

大事なのは

“わざと”かどうかということは考えず、声かけをすること

あきえさん　以前、番組で**「大人がいたずらと思うことでも、子どもの頭の中では発明家並みの働きが起こっている状態」**だと教えてもらいました。私もなんでいたずらばかりするのだろうと思っていましたが、それを聞いてから「お！　今日も発明家になってるぞ」と思えて、1歳頃の育児が楽になった経験があります。

柴田先生　大人基準で見ると制約が多くなりがちですが、「ものを投げる＝悪いこと」ではないんです。もし子どもにとってそういう時期ならば、近くに柔らかいものを置いておけばいいんです。ブームはそのうち過ぎ去り、いずれやらなくなります。子どもはできるようになったことを周りに見てほしいだけなんですよね。

04

小さなうそをつく

「それはうそでしょ？顔にうそって書いてあるよ〜」

柴田先生　4歳くらいは現実と想像の世界が、混ざっている時期。なので、うそみたいな話が得意になる時期なんですよ。例えば「今日の幼稚園の給食はお寿司だった」というような話は、〝ありえないけれどあったらいい〟と思って子どもは口に出しています。うそをついているという意識はありません。

そういうことが続くと、親はこのまま子どもが想像の世界で生きていくのでは……と心配になるようですが、結局は昔話や物語の世界も想像のお話なんですよね。でもこれだけ愛されているのは、うそだとわかっていても、みんながわくわくするからなんです。

人を傷つけるようなうそはダメですが、そうでないならば、あまりはっきり白黒つけずに子どものうそにのってしまうのもいいかもしれません。想像の世界で楽しめることを知っているのは、私は強いことだと思います。

あきえさん　じゃあ例えば悪いことをしたときに言いわけするうそはどうですか？　親としてはすぐ注意したくなってしまいます。

柴田先生　その言いわけが許せないのであれば「それはうそでしょ？　私にはわかるよ。顔にうそって書いてあるよ〜」と言っていいと思い

#4歳

#5歳

ます。目くじらを立ててしかるのではなく、そこまでして私にしかられたくないのだ、知恵がついたのだと思えばいいんです。

あきえさん　子どもの頃にうそをついているからといって、大人になってもうそつきということはないんですよね、きっと。でも親はついそう思ってしまいますよね。

柴田先生　この頃の子どもの特徴が大人になるまで一生続くわけではないんです。子どもにうそをつくことが良いことだと言ってはダメですが、うそがつけるほど成長したというのも事実。これは5歳くらいの子どもの特徴なんです。

あきえさん　**やさしいうそもあるし、うそもスキルのひとつ**ですもんね。

大事なのは

目くじらを立てずに、ときには子どものうそにのってあげること

05 うそ泣きをする

「泣いたのは、あなたじゃなく〇〇のせいなんだからしかたないね」

あきえさん　我が家でも3歳の娘がよくうそ泣きをします。しかも鏡の前で泣き真似がちゃんとできているか確認してから、私のところにやってくるんですよ。そんなときに娘を否定すると余計に悪循環……。なので**私はうそ泣きを完全に受け入れて、全力のうそなぐさめの小芝居をする**ようにしています（笑）。

柴田先生　うそなぐさめ、良いんじゃないですか。子どもの中にはあきえさんの娘さんのように、鏡の前でうそ泣きモードになってから、親の前に来る子どもは多いと思います。

あきえさん　私自身、幼少期を振り返ってみる

と、親に甘えたいときにうそ泣きをしていた気がします。そのときに親が受け止めてくれた記憶が残っていて、今でも覚えているということは、子どもなりに安心できたり、うれしかったからだと思うんです。なので娘もきっとややもやしていて、甘えたいのかなと思っています。

柴田先生 子どもが泣いているとつい、「あなたのせいよ。それじゃ嫌われる」などしかってしまうかもしれません。でも子どもはそんなに強くないんです。私は小さい頃にきょうだいゲンカをすると泣きました。兄には「うそ泣きだ」と言われましたが本人はほんと泣き。

そのときに母が「**泣いているのは泣きぼくろのせいだからしかたないのよ**」と言ってくれたんです。泣いているのは私のせいでも兄のせいでもなくほくろのせい……それで気が楽になりました。力ではかなわないから泣くのではないでしょうか。その原因から、子どもの気を少しそらしてあげるのがいいのではと思います。

親はみんな、子育てに対して白黒つけようとしすぎなのかもしれません。

あきえさん 私も子育てに真面目になりすぎてしまいがちです。でもそういうときは親子関係がうまく回っていないんですよね。だからちょっと適当になろうと思って過ごすと、すべてがスムーズに進み出す。これからも真面目モードにつぶされそうなときは、適当ママを意識して過ごしたいと思います。

大事なのは

白黒つけすぎず、ときには適当になること

06 かみ癖がある

「イタタタタ！」

柴田先生　親がかまれたのであれば、そこは素直に「痛い」ということを子どもに言葉やリアクションで伝えればいいと思います。かんだことをしかる必要はないですが、痛いのに笑っているのも不気味ですよね（笑）。

ただ、かみ癖には歯がムズムズする、言葉が未熟なので、かむことで言いたいことを表現しているなどの理由があるはず。なので、例えばかんでもいい柔らかいものを渡してあげるといいと思います。昔だったらスルメとかたくあんをしゃぶらせていました。親もただ「かまれるのが嫌」ではなく、「なぜこの子がかむのか」を考え、少し工夫をすることも大事ですよね。

あきえさん　子育てをしているときって、親の脳もガチガチになっているというか（笑）。子育てに精一杯で、**困ったことがあってもなかなか工夫して解決しようというところまで頭が働かない**んですよね。

かむこと＝ダメなことと考え、注意しなきゃと思ってしまいがちでした。案外、1歳くらいの子どもがかむことは、特にしかるようなことではないケースも多いんですね。

柴田先生　もしかんだら、しかるというより、がまんせずに素直に「イタタタ！」と言って

#1歳

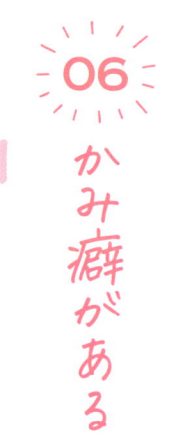

大事なのは

「親だから」と痛いのをがまんしたり、感情を抑えたりしないこと

リアクションすればいいんです。

１歳くらいだと「痛いからかむのをやめて」と言葉で注意してもなかなかわかりませんが、

かんだときに親が痛そうな顔をしていれば、そのうち「かむ＝親が痛い」が結びつくようになりますよ。子どもの前で感情を出してはダメとあまり頭で考えすぎずに、**大きく「痛い！」というリアクションをしてしまいましょう。**

あきえさん 番組でも親が子どもの前で感情を出すのは悪いことではないとうかがいました。私も親になった当初は疲れを子どもに見せてはいけないと、無理をしたことも……。でも親が感情を見せることが、子どものエネルギーにもなるということを番組で教えてもらって、少し気がラクになりました。

痛いときもがまんする必要はないし、感情を伝える良いチャンスなのかもしれないですね。

07

子どもが急に道路に走り出す！

（あえて鬼の形相で）「危ないから走らない！」

柴田先生　外に出ると子どもは衝動的に道路へ走っていくことがあります。2～3歳の子どもは交通ルールをまだきちんと理解することができないので、なかなか守ってくれません。

でも、一番大切なのはとにかく命。命を守るためであれば賛否があってもハーネスをつければいいし、歩ける年齢でも目的地までベビーカーに乗せていけばいいと思います。子どもが2～3歳など小さい場合は、その場で言い聞かせるよりも外出前の準備が大切です。

あきえさん　子どもが言ったことを理解してくれるのは4歳くらいからでしょうか。私の場合、4歳になった子どもが危ないことをしたときにしかったのですが、なかなか伝わらず……。それがママの「本気のノー」ではないことを、子どもがわかってしまっているからだと番組で指摘されました。「本気のノー」を言わないと、子どもには伝わらないのだと。

柴田先生　ある程度わかる年齢になっても交通ルールが守れないときは、その場で本気で怒るべき。本気＝鬼の形相です。**子どもは声のトーン、表情、オーラで大人が本気かどうか察します**。それが本気であればダメなんだと理解して、ずっと覚えているのです。以前に5歳の子ど

#2歳
#3歳
#4歳
#5歳

もと話していたら「前にママが鬼みたいになったことがある」と2歳の頃のことをしっかり覚えていました。**知識はすぐに忘れても、感性で感じたことは忘れない**んです。

交通ルールは3歳くらいになったら、歩きながら教えるのがおすすめ。「信号を見て青になったら渡る」と教えていると、違う信号を見て渡ってしまうこともあるので、「角に来たら止まる」「車が来たら避ける」などを徹底。命を守るためには教育をするしかないのです。

あきえさん　確かに信号だけ見るように教えると、角では違う信号を見て判断してしまうこともあるので、危ないかもしれませんね。これからもしっかり伝えていきたいと思います。

大事なのは

命に関わる危険については、本気で怒ること

08

他の子どもにいじわるをする

「どういう気持ちでやったの？」

あきえさん　私の5歳の息子も他の子どもにいじわるをしたりされたりすることがよくあります。最初はその都度、怒っていたのですが、あまり伝わらず逆効果な気がして……。

特に友だちの前で怒っても言い返してくるだけで、響いていないいんですよね。なので、家で落ち着いているときに「どうしたらよかったのかな？」や「今日は仲良くできていたね」と声かけをするように意識してみました。

遠藤先生　まず前提として、大人からはいじわるをしているように見えても、子どもはいじわるをしているわけではないかもしれないという

こと。子どもは相手に気持ちを上手に伝える、語彙などのスキルをまだ十分に持っていません。気持ちを伝えようとした結果、攻撃的に見えるようなことをしてしまい、大人からはいじわるに見えてしまうのでしょう。実際は相手の子どもと遊びたかっただけかもしれません。

そのため**大人が最初から「いじわるをしてはダメ」と決めつけてしまうのは、子どもの気持ちを無視**した形になります。ワンクッションおいて「どういう気持ちでやったの？」など、悪意を持っていじわるしたわけではないという可能性を確かめるのがいいでしょう。

あきえさん　子どもが育んでいる世界と親のフィルターで見る世界は、違うのでしょうか？

遠藤先生　そうですね。例えば上の子どもが下の子どもにいじわるしたように見えても、かわいくてちょっかいを出しただけかもしれません。そういうことも想定して気持ちや表情を見てあげてください。

あきえさん　3歳の娘が友だちの赤ちゃんの顔をポンとたたくことがあり、その度に注意していた時期がありました。でも最近、別の表現方法を覚えて手が出なくなった気がします。

遠藤先生　かわいいと思って、相手に反応してほしいと思っていたのかも。でも手加減がわからず、強く押してしまっていたのかもしれませんね。「もう少しやさしくさわってね」などと教えるのもいいですよ。

大事なのは

「いじわるをした」と大人が決めつけないこと

09

自分が嫌なことを友だちにもしている「どうしてああいうことをしたの？」

あきえさん　うちの5歳の息子が乱暴な言葉を使いたい時期のようで、理由を聞くと「男らしくてカッコいいから」と言われました。なので、それをやめさせるというよりは、丁寧な言葉で話せているときに「**やさしい言葉を使うとみんな気持ち良いよね、素敵だね**」と声かけをするようにしています。一時期はしかっていましたが、そうすると「できないぼくがダメ」と落ちこむようになってしまったので、言いかたを変えてみました。

大日向先生　親は言葉かけの一つひとつに敏感になりがちですが、むしろ、どういうシチュ

#5歳

エーションで、どういう表情で言ったか、全体をとらえることが大事です。
　他人が嫌がることをするのは、子どもだけでなく大人にも起こりうること。自分がイライラしたときに、それを他の人にぶつけてしまうこともあると思います。そういうときは、良くないことだと指摘する前に、「どうしてああいうことをしたの？　あなたはどう思っていたの？」と、確認することが大切です。そこで、もし子どもが「いけないと思ったけれどやってしまった」と言ったならば、「そう思えただけでもすごいね。私もそうしてしまうことがあるよ。それがわかるだけでもすごいと思うよ」と子どもをほめてあげてください。

大事なのは 子どもがどんな理由でその行動をしているのかを聞くこと

　親がこうした言葉をしからずに言ってくれれば、子どもは次のステップに進めるのではないでしょうか。そこにさらに愛のメッセージをひと言添えてあげれば、鬼に金棒ですね。

あきえさん　子どもの乱暴な言葉を聞くと、すぐ注意したくなる親心もありますよね。

大日向先生　**いろいろな言葉があることを知っていることは大切なので、ただ「やめなさい」と言うのではなく「いろいろな言葉を覚えたのね。どこで覚えたの？」と聞いてあげましょう。**それから「これはどういうときに、どういう場面で使ったらいいのかな？」といっしょに考えることで、子どもも言葉にはＴＰＯがあるとわかってくれるのではないでしょうか。

10 子どもが乱暴なことばかりする

「気持ちはすごくわかるけれど、乱暴するのはダメだよ」

あきえさん　我が子が友だちに乱暴した場合、すぐに注意しても伝わりづらいと感じることがあります。**その場では乱暴された友だちへの「痛かったよね、ごめんね」というフォローが中心になってしまいがち**なのですが、子どもにもその場で伝えたほうがいいのでしょうか。

遠藤先生　その場で子どもに「悔しかったね」と言うのは相手がいる手前、難しいですが、「乱暴をしてはダメ」などの注意はしてください。そして、ふたりになったときに「悔しかったね」など、気持ちに寄り添った声をかけるのがいいのではないでしょうか。

遠藤先生　最初に子どもの意図を確認するステップを入れることが大切。乱暴したことに「絶対にダメ」といきなり反応するのではなく、どういう気持ちでやったのか聞いてみましょう。

例えばおもちゃを取られて乱暴したのであれば、悔しいという気持ちが子どもの中にあります。それを受け止めてあげた上で、「気持ちはすごくわかるけれど、乱暴するのはダメだよ」と言ってみましょう。子どもが感じた気持ちと、その気持ちをどう表すかは別です。「乱暴すること自体は良くないことだから、表現方法は変えないと」とわかるようにしたいですね。

#2歳 #3歳

大事なのは

まずは子どもの気持ちを確認して、それから寄り添うこと

あきえさん 時間が経ってからだと、子どもは「しつこい」などと感じないでしょうか？

遠藤先生 あまりに間が空いてしまうと難しいので冷静になった段階で、気持ちに寄り添った上で、やりかたは変えようということを伝えてください。**感情をテーマにした会話を親子ですることは、子どもが自分の気持ちを収めるのに効果的**です。そういうことを親子で話す機会が、感情をコントロールする上でプラスに働きます。

あきえさん しかるのではなく会話なんですね。

遠藤先生 気持ちや心に関連した会話を幼少期にどれだけ多くしておくかは大切です。多いほど相手はもちろん、自分自身がどういう気持ちかを理解するのに優れる傾向があります。

11 子どもがご飯をこぼす

「こぼれるからどうしようか？」

柴田先生　子どもはご飯をこぼしているという意識はないと思います。道具を扱う手の働きが未熟なので、実は食べものを口まで運ぶこと自体、子どもにとっては大仕事なのです。

そのため、親がこぼさない工夫をしつつも、こぼしたときにうまく片づけられる工夫をするほうがおすすめ。**大切なのはこぼすことを否定せず、「こぼれるからどうしようか？」と声かけすること**。こぼすことを否定されると、子どもは自分のすべてが「ノー」と言われているように感じてしまうかもしれません。否定されなければ、子どもはホッとします。こぼさないような食べかたを親がいっしょに考えたり、こぼしたときにすぐに片づけられるように床に新聞紙を敷いておいたりすればいいのです。

あきえさん　うちの3歳の子どももよくご飯をこぼしますが、我が家ではコール＆レスポンス作戦。私が「顔を前に!?」と言うと、子どもが「出す！」と言って前に出してくれるので、床にご飯がこぼれづらくなりました。かけ声で動作をするのが習慣になっています。

子どもがもっと小さい頃に「なぜこぼされるのが嫌なのか？」「なぜイライラしちゃうのか？」を考えてみたんですが、単純に私が掃除

#3歳 #4歳

大事なのは

子どもがご飯をこぼすこと自体を否定しないこと

をするのが面倒だからなんですよね。なので、**思い切って水拭きロボット掃除機を買って、イライラの原因を取り除きました。**掃除をする時間をお金で買ったのですが、(我が家は)結果的にそれが良かったです。

柴田先生　コール&レスポンス、良いですね。私としてはなんでそんなにこぼすことがいけないのだろうと思ってしまいます。

そんなに家をいつもきちんとキレイにしておかないとダメですか？　子どもはまだ発達の途中にあるのですから、親に迷惑をかけて普通なのです。こぼさないことを優先するよりも、自分が食べたいものを口にできるようになった喜びに目を向けてみるのもいいかもしれません。

12

スマホやタブレットをやたらと見たがる

「他の楽しい遊びをいっしょにしよう」

柴田先生　その昔はテレビに子守りをさせるなどといわれていました。新しいものが出てきたときに戸惑い、議題に上がるのはよくあることです。以前はテレビのない家で育った子どもがいましたが、特に成長に影響があったとは思いません。そういう人たちは、自分が少数派になったときにも動揺しないと感じました。

あきえさん　うちの子どもはゲームが好きなので、我が家では〝合体パチン〟というルールをつくっています。「ママは10分でやめてほしい」「ぼくは30分やりたい」ときはゲームの時間を20分にするように。お互いが納得できる折衷案を採用しています。「勉強したら10分プラス」など、ルールは常にアップデート。このルールは親だけでなく、必ず本人と話して決めるようにしています。あとはゲームやタブレットに強制終了のシステムを入れておいて、親が「もうやめようね」と言わなくても勝手に終了する環境に。それだと親もイライラせず、子どもも納得してゲームを楽しめています。**スマホやタブレットから将来の可能性が広がることもあるので、厳しくは制限していない**ですね。

柴田先生　もしやたらとスマホで遊びたがる場合は、いっしょにできる他の楽しい遊びを提案

#4歳
#5歳

するのがいいかもしれません。スマホはひとりで楽しむことができるので、親も子どももついつい集中しがち。もし親が集中しすぎてしまうと、子どもは例えばボール遊びをしたくても相手がいません。**もちろんスマホが悪いわけではないですが、いっしょに身体を動かしたり、人と関わることでもっと楽しいことがあるとわかれば、そちらにも気が向く**と思います。

あきえさん　動画は受け身の遊び。自分から積極的にできる遊びを同じくらいしたほうがいいと、番組でもアドバイスをもらいました。

柴田先生　スマホでの間接体験だけではわからない、生の体験でしか味わえない感動もたくさんあると思いますよ。

大事なのは

人と関わったり、身体を動かしたりする楽しさも教えること

13 トイレを汚してしまい、自分でうまくふけず黙っている

「ふいてくれてありがとう」

柴田先生　子どもの気持ちが行動につながっていないのはよくあること。トイレを汚してしまい、自分でふこうとしたその子どもの気持ちはぜひほめてあげてください。きちんと掃除しきれていなかったことについては触れずに、いっしょにやってあげましょう。

子どももトイレを汚して失敗したことにびくびくして、親に怒られると焦っていたはず。親は「正直になんでも言いなさい」と言いますが、言ったら多分怒りますよね（笑）。**どんなに愛情があって私にだけにはすべてを言ってほしいと思っていても、親と子どもは別の人間で、それは難しい**こと。「失敗したことが言えないんだな。私に怒られたくないなんてかわいいな」と温かい目で見守ってあげましょう。みんなわざとやっているわけではないのです。

あきえさん　最近、息子が幼稚園で初めて立ってトイレをしたみたいで……。家では座ってしていたのですが、その日の夜に家でもやってみたくなったようなんです。そうしたら台の上に上ってから立ってしたらしく、トイレがビショビショに。出てこないので心配して覗いたら、立ちつくしていました。あとは寝るだけだったので私は怒ってしまったのですが、息子は「ご

#4歳 #5歳

めんね。家では立ちおしっこがダメって知らなかった」と。確かに私は言ったことがなかったと反省。**こちらが当たり前と思っていることも言わないとわからない**と痛感しました。

柴田先生　子どもはやってみたいと思うとすぐに挑戦して、結果的に失敗してしまうこともあります。でも親の言うとおりにしすぎて、探究心も持たずに育つほうが危ないと思います。

あきえさん　自分の意思のない、表情のないのっぺらぼうのような丸の子どもにしてしまうところでした。もっと寄り添う言葉をかけてあげればよかったなぁと反省です。

柴田先生　おしっこするとき、いろんなやりかたがあるのを発見したことはすごい学びです！

大事なのは

子どもが「やってみたい」と思ってした失敗はしからないこと

14 かんしゃくを起こす

「どうやって怒ればよかったのか考えようね」

あきえさん　あまりにかんしゃくを起こす回数が多いと、親は不安になりますよね。

遠藤先生　小さい子どもにはよくある、ポピュラーなことです。〝キレる〟ことを私たちは恐れますよね。子どもの頃はまだしも、大きくなってもキレることが続くと、周りが対応できなくなる場合も。そのため早くからキレないようにしたほうがよいといわれていますが、**実は腫れ物にさわるような対応を続けることで、キレやすい子どもになってしまう**のです。

前提として、怒ること自体は悪いことではありません。キレるというのはうまく怒れていない状態で、それを経験することでキレない大人

になります。つまりかんしゃくを起こすのは、キレない大人になるためのいい練習なのです。
ただ、かんしゃくはタイミング、対象、方法を間違えた怒りです。人間関係を築く上で「怒り」は大事な感情ですが、これを出し間違えると大変なことになります。なので練習をして、正しく怒れるようになることが大切なのです。

あきえさん　親はどう関わればいいのですか？

遠藤先生　間違いを正すことが大切なので、例えば「なににどうやって怒ればよかったの？」などと問いかけた上で、正しい怒りかたを教えましょう。そうすれば怒りかたを覚えていくと思います。かんしゃくを起こしているときはキレずに怒ることを学べる重要な機会ですよ。

あきえさん　私は子どもがかんしゃくを起こして、もうどうしようもないときに、**「じゃあ今日は特別に、ないしょでこれをやってみる？」など、いつもはダメなことをズルしてやって、子どもの気持ちを落ち着かせる**ことがあります。そうすると子どものかんしゃくが収まることが多いのですが、こういうやりかたをするのは良くないことでしょうか？

遠藤先生　ひとりの人人の中で軸がブレるのは、あまり良くありません。例えば母親はズルをしないけれど、父親がちょっとズルを提案する人なら良いと思います。役割分担をするのはいいですが、親に一貫性がないと子どもの信頼が崩れてしまうので注意してくださいね。

大事なのは

かんしゃくは「正しく怒れるようになる練習」だと思うこと

15

家に帰ろうとしない

「次はいっしょに○○をしよう」

あきえさん　イヤイヤ期の頃は「帰ろうね」という言葉で帰ってくれたことは一度もなく、悩みましたね。なので、「帰ろう」がダメならば次の新しいことを提案するのはどうかと思い、「ダンゴムシを探しに行こう」など、帰り道にあるお楽しみに子どもたちを誘いました。

もうひとつやっていたのは、自分でゴールを決めてもらうこと。「あと何回、滑り台で遊ぶ？」と聞いて、お互い希望する回数の折衷案を決め、そこをゴールに。「終わったから帰ろう」だと嫌がるので、帰るという言葉は使わずに、明るく「じゃあ行こうか」と言って家のほうに向かうようにしました。他にも帰ってから「片づけ↓ご飯↓お風呂の順でミッションをクリアしよう」などのプランをいっしょに決めて、ゲームみたいにこなしてもらう工夫もしています。**基本的に「帰る」や「先に行く」という言葉はNG。**帰ることも遊びに変換してあげると、のってくれることが多いですね。

柴田先生　子どもにとって親がいるところで遊ぶことほど、ホッとすることはないのだと思います。だから保育園や幼稚園に迎えに行っても、全然帰ろうとしないんです。もちろん子どもだけで遊んでいるのも楽しいのですが、そこは子

#3歳 #4歳 #5歳

大事なのは

「命令」するのではなく、同じ方向を見て「提案」すること

どもにとっての社会。親が迎えに来て、近くにいることで安心できる場所になるので、もっと遊びたくなってしまうんだと思います。

だから「帰るよ」「もうやめるよ」と命令されても従いたくないんです。あきえさんのように同じ方向を向いて、「次はいっしょに○○をしよう」と言ってくれると、子どもはとてもうれしいと感じます。**大人もそうかもしれませんが、命令されたり管理されたりするのが好きな子どもはあまりいないんです。**

あきえさん　命令すると本当に逆効果で余計に時間がかかってしまいます。「先に行くよ」で早く行けたためしがなくて、そういうときは言いかたを失敗したと何度も悔やみました（笑）。

16

お風呂に入ろうとしない

「今日は誰とお風呂に入る？」

柴田先生　子どもは自分の意思を尊重してほしいと考えています。だから「お風呂に入るよ」と命令されるのは嫌なんです。

でも「パパと入る？　ママと入る？」など選択肢を与えられると、選ぶときに自分の気持ちや意思がそこに生まれます。これはお風呂だけでなく、「こっちの道に行く？　あっちの道に行く？」など、なんでも当てはまること。**問いかけることで、子どもは「どうしようかな」と考えるようになります。**そのような行動が、2歳くらいから意思をつくるのにつながっていくと私は思います。

ただ「行くよ」では、くっついて歩くことが命令になってしまい、自分でいろいろなことが考えられないように。なので、2歳くらいからはどんなことにも、選択肢を与えてあげるといいのではないでしょうか。決定権を子どもに委ねれば、イヤイヤ期も意思が尊重されたと感じてうまくいくかもしれません。

あきえさん　我が家も毎日が「選択肢祭り」です（笑）。お風呂もパパとママはもちろん、「今日はどのぬいぐるみと入る？」と決めてもらって、「キレイに洗ってあげてね」と声をかけてみたり。

あと……これは良いことかどうかわかりませんが、うちではお風呂でアイスを食べる日もあるんです。そうすると子どもがお風呂を楽しみにしてくれるようになって。もし溶けちゃっても「お風呂だから洗いながせばいいいか」と思っています。

嫌がることと好きなことを組み合わせると、進んでやってくれるようになりました。

柴田先生　私も小さい頃、父とお風呂に入ると遊んでくれる楽しみがありました。「10数えるまでは湯船から出ない」のようながまんだけでは子どもは辛いかもしれません。お風呂ならではの楽しみがあると、子どもも楽しみになるかもしれませんね。

大事なのは

選択肢や、お風呂ならではの楽しみをつくること

17 子どもが怒ってヒートアップしている

（抱きしめながら）「困ったね」

柴田先生　子どもが怒ってヒートアップしているときにしかると、だいたい逆効果ですよね。もしそうなっている理由に見当がつくようであれば、「悔しかったね」「残念だね」などと共感する声かけをしてあげましょう。

どうにもならないくらい怒って泣いているときは、おそらく周りの声も聞こえていないと思うんですよ。その場合は放っておくか、「困ったね」とぎゅっと抱きしめてあげるのがいいのではないでしょうか。**子ども自身もどうしていいかわからないときは、親だからといって気持ちのすべてをわかってあげられるわけではありません**。抱きしめてあげると、安心する子どもが多いと感じます。

だいたいの場合は20分くらいすると疲れて落ち着いてくるので、待てるのであれば待って、その後に「じゃあおやつにしようか」など気をそらしてあげてください。けっして「なんで怒っていたの？」など、わざわざ蒸し返すようなことはしないようにしましょう。

あきえさん　うちも下の子どもが眠いとけっこう熱くなって暴れてしまうタイプ。なにを言ってもダメなときは、**とりあえずぎゅっと抱きしめるようにしています。そうすると子どもも落**

#3歳
#4歳
#5歳

大事なのは

子どもをやさしく抱きしめて、落ち着かせること

ち着くし、私もイライラせずに落ち着くことに気づきました。あとヒートアップしているときに、ずっと見ているだけだと私もイライラしちゃうんですよね。なので、安全性を確保した上で、「〝やだもん〟がいなくなったら教えてね」と声をかけて、あえて見えない場所で家事など違うことをするようにしています。

柴田先生　もしその子どもにとって、あると落ち着くものなどがあれば、そういう安心アイテムを用意しておくのも手ですね。アイテムだけでなく指をしゃぶるなど、その子どもが安心する手立てがあるのであれば、（さみしい、悲しい思いをずっとしているよりも）それらを活用して落ち着かせるのがいいかもしれません。

鈴木あきえさんを支えた

子育て中のやさしい言葉 1

「ママはご機嫌でそこにいる、それだけでいい」

子育てをしていると「あれもやらなきゃ」「これもやらなきゃ」と思うのに、自分だけが上手にできていないと思ってしまいがちです。でも番組で乳幼児教育実践研究家の井桁容子先生にこの言葉を教えてもらって、「ご機嫌でそこにいるだけでいいなら、私もなんとかできるかも」と気づいてはげまされました。

日常生活ではどうしてもやることが多く、イライラしてしまうこともあります。そういうときに優先したほうがいいことは、イライラしてまで達成することではなく、ご機嫌で過ごすこと。イライラしながらご飯をつくるくらいならば、そんな日は惣菜やインスタント食品でもいいと気持ちを切り替えられるようになりました。そうすることで心に余裕ができ、平和に一日を終えられていますね。

「人間関係は『柔構造』に」

「柔構造」とは耐震構造の考えかたで、建物を柔軟な構造にすることで衝撃を吸収し、建物の破壊を防ぐということ。この言葉は子育ての孤独について取り上げた回で、大日向先生から教えてもらったものです。

番組に寄せられた悩みでは、視聴者の方がママ友との関係に悩んでいました。その方はあるひとりのママ友とうまく関係を築けないことを辛く思っていたのですが、大日向先生いわく「大切なのはひとりと強い関係を結ぶのではなく、他にも目を向けて柔軟にいろいろな人と関係を築く」こと。一本だけ強い柱を持つよりも、いろいろなところで柔らかくしなやかな関係性を築き、居場所をつくっておくほうが、なにか起きたときに倒れないでいられるということでした。

この考えはママ友とのお付き合いもそうですが、それ以外の人間関係にも役に立っていて、私自身もいろいろな人と関係を築けるように心がけています。

第3章

きょうだい、友だち関係が大変な子どもへの声かけ

18

上の子どもが下の子どもにちょっかいを出す

「あなたのことは大好きよ。あなたの気持ちはわかっているよ」

遠藤先生　下に子どもが生まれてくるまでは、上の子どもは親の愛情や家族の注目をひとり占めできていました。それが一気に下の子どもに半分以上持っていかれるため、混乱してストレスになるんです。上の子どもがそういう状態であることは、わかってあげてください。

兄弟姉妹はときにライバルになってしまい、親の注目が自分だけに向いていないことに、上の子どもは気づいています。だから、親が少し目を離すと、つい下の子どもに辛く当たってしまうのでしょう。**本当は親ともっといたいのに、がまんしなくてはいけない……そういう気持ちを親がわかってあげる**ことが、まず重要です。

あきえさん　どうしたらいいのでしょうか？

遠藤先生　「あなたのことは大好きよ。あなたの気持ちはわかっているよ」と伝え続けると、安心するのではないでしょうか。さらに言葉以上に抱っこするなどスキンシップもたくさんしてあげましょう。ただ下の子どもに乱暴をしたら、そのことに関しては注意してくださいね。

あと気をつけたいのは、「下の子どものお世話をしてくれるあなたが好き」「お手伝いをしてくれるあなたが好き」など、○○をする子どもが好きという表現は避けましょう。ストレー

#2歳 #3歳

トにその子どものことが好きと伝えてください。

あきえさん　うちは3歳と1歳のときに、**上の子どもは力加減がわからず、下の子どもをさわることがありました。**そのときは好きなゲームのキャラクターに例えて、「あなたは強いキャラクターだから、力が弱い妹のことはやさしくさわってね」とプライドを傷つけないように伝えたら、わかってもらえたことがあります。

遠藤先生　3～5歳は運動能力が飛躍的に高まる時期です。1～2歳の下の子どもも自分と同じことができると思って、接してしまいがちなんですよね。それが親から見ると危なっかしいのですが、上の子どもを認めながら伝えられるといいですね。

大事なのは
メッセージを伝えつつ、スキンシップも意識すること

19 兄弟姉妹のケンカを止めたい

（感情をこめて）「手を出すのはダメだよ」

遠藤先生　ケンカの程度によりますが、ケンカそのものは子どもの発達のなかで起こりうること。さらにケンカを通して、手加減などを学ぶことができます。ケンカをしたことがないと、大人になっても力加減がわからず暴力で人を傷つけることも。ケンカは社会のルールを学ぶことにもつながっていると思います。**ケンカそのものが悪いわけではなく、ケンカのやりかたが重要**なのではないでしょうか。

　ある程度のケンカは静観して良いですが、ケガをしそうなくらい激しくなった場合は、真剣な表情で「手を出すのはダメ！」と、本気のダ

#2歳
#3歳
#4歳
#5歳

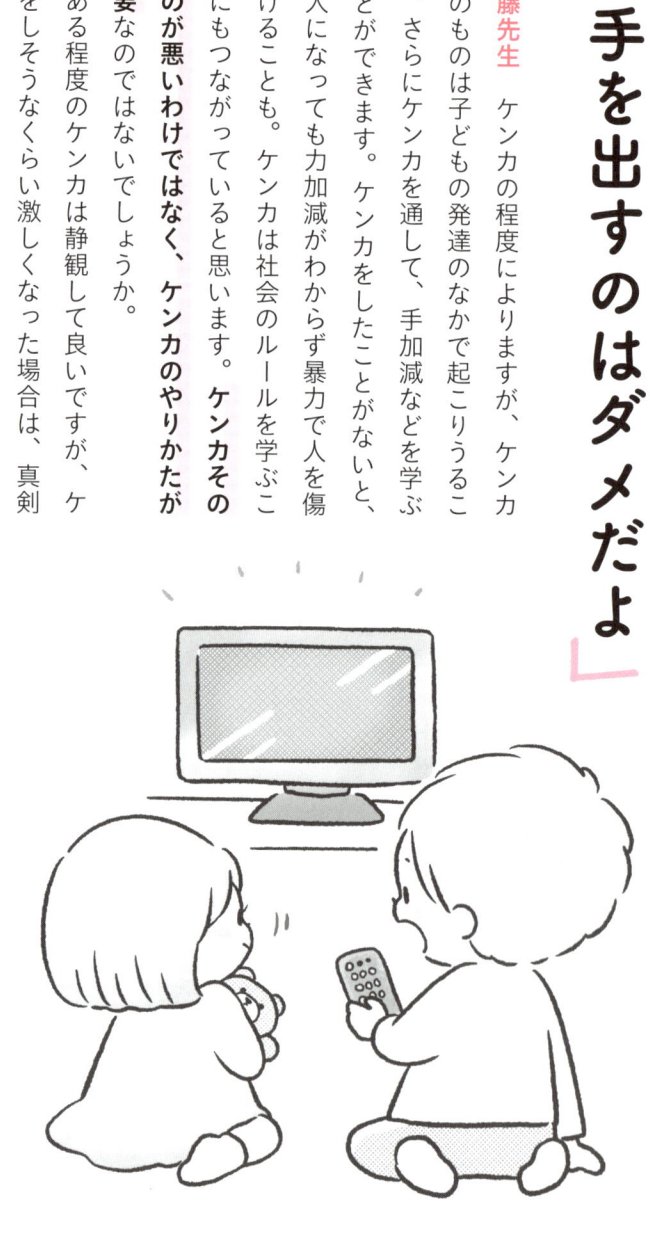

メ出しを。親が普段しない怖い表情を見せることは、言葉以上に強い力を持っています。また、ときには親が子どもの気持ちを代弁してあげる必要があります。そのうえで「イヤなことがあったら、言葉でちゃんと言いなさい」と、主張を言葉でぶつけあうことを教えましょう。
　ケンカをすることで駆け引きや交渉を学ぶことができ、人間関係の基本が備わります。

あきえさん　私も**親が〝裁判官〟にならないように注意**しています。先日も子どもがどのテレビ番組を見るかでケンカをしていて、つい口を出したくなってしまい……。見ているとイライラしてしまうので、「ふたりで話し合ってみて決まったら教えて」と任せることにしました。すると、「最初はぼくがこれを見るから、その後はずっと見ていいよ」と上の子どもが交渉。すると下の子どもも「私は後でいいよ」と……。ふたりで話し合って解決してくれたんです。

遠藤先生　親に止められると納得できないため、ずっと引きずってしまうんですよね。話し合ってお互いが納得するまでの経験が、子どもにとって大切だと思います。あとは親がどれくらい待てるかですよね。手が出ないケンカであれば、これは重要な機会だと考えて、任せていいと思いますよ。

あきえさん　「ケンカは重要な機会!」。これからはきょうだいゲンカのたびに、この言葉にはげまされそうです。

大事なのは

はじめは見守りつつ、いざというときは強めに言うこと

20

上の子どもが下の子どもにヤキモチをやく

「〇〇ができて、〇〇ちゃんはすごいね」

遠藤先生　上の子どもと下の子ども、どちらを優先するかは親によって考えかたが異なります。どちらが正解というのはありませんが、上の子どもはすでに幼い時期を体験していて、ひとりっ子として親と濃密な関係を築き、心が発達していきます。下の子どもはそれをこれから育てていく段階。上の子どもが優先になってしまうと、下の子どもとの関係が希薄になってしまう恐れがあります。**「上の子どもは親とたくさんのことを経験してきたのだ」と、振り返ってみるといい**のかもしれません。

でもそうはいっても、赤ちゃん返りはあるので、その気持ちは「わかるよ」と受け止めてあげてください。そして、日常生活で良いことをしたときに、自尊心を高められるように「〇〇ができて、〇〇ちゃんはすごいね」などと、ほめてあげるといいでしょう。ちなみに子どもに赤ちゃん返りという言葉を使うと、プライドが傷つき、恥ずかしくなってすねてしまうので、気をつけてくださいね。

あきえさん　よくママ友と「赤ちゃん返りしていて……」などと話してましたが、子どもの前では言わないほうがいいんですね。

上の子どもがヤキモチをやいたときに、私的

#3歳 #4歳 #5歳

大事なのは

プライドを傷つけず、子どもの心を大切にすること

にはげみになっているのは、番組で教えてもらった〝ストレス予防接種〟という考えかた。**幼児期の子どもが軽いストレスを感じるのは悪いことではない。それを乗り越えるのは発達にとってマイナスではない**と言われました。それからは子どもがヤキモチをやくのは、成長にとって大切なのだと思えるようになりました。

遠藤先生　幼少期に適度なストレスを経験しておくことは、ダメなことではありません。嫌なことがあったときに、「自分でなんとかしなければいけない」と思い、乗り越える力を身につけることにつながります。乗り越える成功体験を幼少期に積み重ねておけば、感情をコントロールしやすくなりますよ。

21

上の子どもが、我慢強すぎる

「がまんしてくれてありがとう」

柴田先生　がまんが良い悪いではなく、子どもはがまんせざるをえない状況が日常生活でたくさんあります。もし弟か妹が生まれると、親はそちらにつきっきりになってしまいがち。親も夜泣きで睡眠時間を確保できないなどイライラしています。以前のように上の子どもになかなかかまってあげられないのですが、こういう状況の子どもがさびしいと感じるがまんは、親も余裕がなく取り除いてあげることが難しいです。

だからそういうとき親は、自分が一番がんばっているのではなく、子どもに「一番がんばっているのは◯◯ちゃんだね。がまんしてくれてありがとう」と伝えるといいと思います。**子どもは自分の気持ちに気づいてくれている人がいるとわかれば、安心できる**と思います。それは親じゃなくてもよくて、祖父母や保育園、こども園、幼稚園の先生でもいいと思います。

あきえさん　うちも下の子どもが生まれたときに上の子どもが赤ちゃん返りしました。がまんというよりはさみしくて「ぼくのこともかまってよ」という感じ。5歳と3歳になった今でもそれはあります。なので、さみしいのかなと思ったときは2段ベッドの上段に上の子どもとふたりで行って、寝る前にいろいろ話すよ

#4歳
#5歳

うに。そうすると満足して笑顔で寝てくれます。私にとっても大切な時間です。

ふたりいっしょだと、どうしても「ぼくが！」「私が！」となってしまうので、それぞれと時間を取るように心がけています。

柴田先生　がまんさせてかわいそうといいますが、でもそうしないと下の子どもを育てることは難しいんです。下の子どもは急に大きくはならないけれど、大きくなっていっしょに遊べるようになれば、上の子どもも「良かった」と思える日が来るはずだと教えてあげてください。そして上の子どもには「がまんしなくていい」ではなく、「がまんしてくれてありがとう」という気持ちを伝えてあげましょう。

大事なのは「がまんしているのはわかっているよ」という気持ちを伝えること

22

上の子どもに手がかかり、下の子どもの相手ができない

（下の子どもに）「○○ちゃん、見ているよ」

遠藤先生　4歳くらいになると、じょじょに人の気持ちを読み取れるようになります。良いこと、悪いこと、親の状況などもわかるように……。ただ1歳や2歳の子どもにはまだ理解できません。そのため幼い下の子どもをがまんさせるのはなかなか難しく、待てる上の子どもががまんすることが多くなってしまいがちです。

もし両親で育児をしているのであれば、父親と母親で上の子どもと下の子どもの分担をするのが理想的。上の子どもにも優先的にかかわることができるし、もうひとりの親が下の子どものこともしっかりと見ることができます。

ただ、これは理想論で、そうでない場合もあると思います。がまんができるとはいえ、上の子どもが優先になるシーンもあるでしょう。下の子どもの対応がなかなかできないときは、たとえ平気そうにしていてもずっと放置せずに、下の子どもの名前をときどき呼びかけて視線を送ってあげるといいですよ。

あきえさん　名前を呼ばれると、子どもはやはりうれしいのでしょうか?

遠藤先生　子どもにとって名前を呼んでくれる人は、特別な人なんですよ。

あきえさん　それは何歳くらいから感じるもの

大事なのは

静かにしていても、ときどき名前を呼んで視線を送ること

なのですか？

遠藤先生　言葉がわからない、自分の名前をまだ言えない段階でも、自分の名前が呼ばれているのはわかっています。そのため名前を呼んでくれる人、目を合わせて話してくれる人、おどけてくれる人へ関心を向けて、「この人は私に良いことを教えてくれる人だ」と思うんです。**距離が離れていても、名前を呼んだり目を合わせたりすることは大切**ですね。

あきえさん　そうなんですね。うちは下の子どもが意外とひとり遊びが上手なので、放っておいても楽しそうにしていることが多いかも。本当に子どものタイプにもよりますが、名前は呼びかけるようにしたいです。

23

子どもが友だちとケンカして泣いてしまった

「どう思ったの？思ったことは言っていいんだよ」

遠藤先生　友だち同士のケンカは、それをケンカと見なすべきかどうか考える必要があります。例えば遊んでいる中でものを取り合ったのであれば、それは自己主張のぶつかり合い。**自分がやりたいことを相手に伝える経験はとても大切**で、それをお互いにするからぶつかり合うだけなのです。どちらかが自己主張できていなくて、一方的な力関係がある場合はネガティブであまり良くないといえますが、自己主張できる力があること自体は良いことです。なので、ある程度のケンカまではきょうだいのケンカといっしょで、自然にさせるのがいいと思います。

#3歳
#4歳
#5歳

あきえさん　泣くほど激しくなったらどうでしょうか？

遠藤先生　相手が泣いてしまったり傷ついたりしてしまった場合は、そのことをきちんとダメだと注意すべき。相手の泣いた気持ちをどう受け止められるかが重要になってきます。

泣かされた場合は、自分の気持ちを言う機会を設けてください。自分の気持ちを言えない、持てないと、大人になって心を病んでしまうことも。そういうときは気持ちを引き出せるように、「どう思ったの？　思ったことは言っていいんだよ」と聞いてみるといいでしょう。

あきえさん　気持ちを引き出す作業は、ケンカのときだけでなく常にするのがいいですか？

遠藤先生　感情を話題にしてやりとりを楽しむ**「エモーショントーク」**を普段から心がけましょう。子どもだけでなく、「私も悲しいことがあったんだよ」など、大人が言ってもいいんです。その流れで「この間のケンカについてどう思ったの？」と聞くのもよいでしょう。

子どもは〝孤独な科学者〟。ひとりで遊んでいるときは頭の中でいろいろな仮説を立てて、実験をします。その一方で**〝社交的な法律家〟としての遊びもあり、子ども同士で積極的に関わって遊ぶ中で、駆け引き、交渉、妥協を通して問題を解決していく**のです。両方経験することで子どもは頭を使い成長するので、ある程度の対等なケンカは体験させましょう。

大事なのは

自分の気持ちをしっかりと言えるようにしてあげること

24 友だちをつくることが難しい

「今はあの子の遊びが気になるんだね」

遠藤先生　子どもにはそれぞれのペースがあり、友だちのつくりかた、広さや深さなども違います。そのため「何歳だからみんなと遊べるはず」などと決めつけてしまうと、子どもは個性を尊重されずに苦しくなってしまうのです。

子どもによっては時間をかけて自分に合う友だちを探している場合も。**もし周りで遊んでいる友だちに関心を向けて気にしているようであれば、特に心配する必要はありません。**気になれば自分から近づいていくけれど、声をかけるまでは難しいことも。もし近くに行って同じ遊びを始めたらあと少し。「今はあの子の遊びが気になるんだね」と背中を押してみてもいいかもしれません。

あきえさん　周りに興味を示していなかったらどうしたらいいのでしょうか？

遠藤先生　まだひとり遊びを好んでいる時期なのかもしれません。ひとり遊びとみんなで遊ぶことの両方が好きな子どももいますが、そうでない子どももいます。ひとり遊びが好きであれば、それはその子どもの個性。まったく人と関わろうとしないのは少し心配ですが、バランスだと思います。大人が無理やり遊ばせようとすると、子どもは自分のペースを崩されたように

#2歳
#3歳

大事なのは

子どもの状況を見て、無理をさせずに任せること

感じてしまうかもしれません。

あきえさん　その子どもの状況を見て、声かけするのがいいんですね。「行ってみようか」などは言わないほうがいいですか？

遠藤先生　気になってしかたがないのに踏み出せないでいるときには良いと思います。子どもにあまりそういう素振りがないときは、やめたほうがいいかもしれませんね。

あきえさん　うちの上の子どもも年少の頃はひとりでお昼ご飯を食べていたのですが、そのときは好きな場所で周りの様子を見ていたようです。**本人のやりたいようにやらせてあげると、子どもなりに気の合う友だちを見つけてくるの**だなとこの数年で感じました。

25 内向的でひとり遊びばかりしている

「いろいろなお友だちがいて面白いね」

柴田先生　子どもにはひとりで遊ぶことで満足している時期があります。さらにひとりで遊ぶフリをしながら、「あの子となら遊べるかもしれない」と、他の子どもを観察している時期もあるんです。**子どもは大人が思っているほど無防備にどんどん前に行けるわけではなく、観察をして次にどうするか考えているの**だと思います。そして自分の中で機が熟したときに、初めて一歩踏み出していく。だからひとり遊びをしていても、不安にならずに見守ってあげてほしいですね。

また、友だちはつくるものではなく〝できる〟ものなので、いつか自然とできますよ。だから親は「いろいろなお友だちがいて面白いね」と、子どもといっしょに観察してみてください。

あきえさん　親の「他のお友だちのところに行っておいで」が、逆効果になると番組で教えてもらいました。それ以来、私もひとり遊びをしているときは、なにも言わず見守っています。

あと、私は子どものときに内向的で人見知りだったので、姉の後ろに隠れて自分からは絶対に他の子どものところに行きませんでした。親は諦めていたのか、特になにも言いませんでしたが、きっと私なりの個性を大切にしてくれて

大事なのは

子ども自身のペースを尊重しつつ、見守る姿勢でいること

いたのだと思います。

　でも大人になって思うのは、**必要性を感じれば、みんな自分で勝手に変わる**んですよね。私もこの仕事を始めてから変わりました。だから焦らずに、子ども自身が変わるタイミングを待つのも、親の役目なのかもしれません。

柴田先生　一歩踏みだすのが遅い子どもは、観察力が他の子どもよりも高いと私は思います。子どもたちに聞くと、年齢を重ねても常に友だちといるわけではなく、ひとりで遊びたいときもあるそう。ひとりだとかわいそうと思うかもしれませんが、子どもが立ち上がるのを信じて待ってみませんか？　自ら立ち上がる、生きているってそういうことのような気がします。

26

友だちに嫌なことを言われても言い返せない

「嫌なことは嫌だと伝えることが大切なんだよ」

遠藤先生　本当は友だちの前で嫌なことを言えるのが望ましいですが、性格によっては苦手な子どももいると思います。もしその場では言えなくても家族など他の人に言えているのであれば、それでバランスを取っているのかもしれません。ただ、誰にも言えないのであれば、それはちょっと心配な状況だと思います。

どちらのケースでも**「嫌なことはちゃんと相手に伝えることが大切なんだよ」と子どもに教えましょう**。溜めこむとストレスがどんどん蓄積されてしまいます。

もしかしたら友だちは良かれと思ってやっていて、嫌がっていることに気づいていないかもしれません。「伝えることで友だちに自分が嫌だということをわかってもらえる」と、教えてあげるといいでしょう。

あきえさん　うちの子どもは嫌なことが言えないことはあまりないのですが、最近はなにか聞くと「迷う」「わからない」と。自分の気持ちから逃げていて言えないのかなと心配になります。なので、「あなたの気持ちはあなたにしかわからないから、考えてみてわかったらママに教えて」と言うように。そうすると自分の心に手をあてて「じゃあ、気持ちに聞いてみるから

#5歳

待ってて」と、考えてくれるようになりました。
でも、もしかしたら**ただ聞くだけでなく、感情について話し合うエモーショントーク(P67)をしたほうがいい**のかもしれないですね。

遠藤先生　エモーショントークも有効ですが、「迷う」と言えるのは心の力が相当身についてきている証拠だと思います。相手の状況、気持ちをわかっているから迷うんです。心の発達が進んでいると前向きに受け止めていいですよ。

あきえさん　そうなんですね。私は迷うことは単なる優柔不断、マイナスだと思っていたので、知れてよかったです。親にはマイナスに感じられても、実は小さな成長の一歩だったなんてことも、案外多いのかもしれないですね。

大事なのは

「相手に自分の気持ちをわかってもらうのも大切」と伝えること

27

友だちの話をちゃんと聞かない
（子どもの話を聞いた上で）「私はこう思うけれど聞いてくれる？」

大日向先生　3歳前後の子どもは自己中心的な社会で生きていて、相手の気持ちや状況をきちんと考えたり想像したりすることができません。「友だちの話が聞けない」というのは発達的に自然なことなんです。

あきえさん　子育て中は不安も多いですが、その言葉を聞くと、きっと大丈夫なんだなと安心できます。

大日向先生　3歳頃は自分の見ていることや気持ちが、相手と違うということを十分に理解できません。ですから少しずつ自分以外のこと、相手の気持ちなどに気づかせてあげられたらと思います。

そのためにも、大切なことは親が子どもの話を普段から、よく聞いてあげることです。**まず子どもに、自分の話を納得するまで聞いてもらえる経験をさせる**こと。次に「私はこう思うけれど話を聞いてくれる？」という段取りを踏むことで、子どもは相手の話をじょじょに聞けるようになっていくでしょう。

あきえさん　うちの子どもは自分が大好きで、自分の話ばかりしていましたが、タレントとしてうらやましいな（笑）と思っていたくらいで、あまり気にしたことはなかったです。

#3歳

大事なのは

まずは子どもの話をきちんと聞いてあげること

いろいろな情報があふれすぎていて、子育てをしているとどれが正しいかわからなくなるときがあります。でも番組でいつも先生たちが「それで大丈夫」と言ってくださるので、**親が意識を変えるほうが育児は楽しくなる**と思えるようになりました。

大日向先生　3歳で相手の話を聞くのは難しいですが、4歳、5歳になると言語がかなり発達して、コミュニケーションもしやすくなりますね。さらに表象機能（目の前にないものを思い浮かべる能力）が身について、イメージできる力もついてきます。子どもが相手の話を聞けるようになるには、こうしたステップを丁寧に踏んでいくことが必要なんですよ。

28

友だちをたたく「どうしてたたいちゃったの？なにが嫌だったの？」

大日向先生　ある園に行ったときに、良い子のお約束と題して「友だちをたたかない、つねらない、おさない」という貼り紙がしてありました。つまり、子どもはたたいたりしてしまうことがよくあって、それはまだ言葉でうまく要求を表現できないからなんです。欲しい、嫌だと思ったときに、言葉より先に手が出てしまう。**子どもにとってたたくことは自己表現、コミュニケーションのひとつ**なんです。

だからといって放置していいわけではありませんね。ダメでしょと言う前に、「どうしてたたいたの？　なにが嫌だったの？」など、友だ

#2歳

大事なのは

相手をたたく以外の気持ちの表現方法を教えること

ちに言いたかったことを、親や大人が通訳となって伝えてあげることが大切。その後に「たたかないで嫌と言おうね」と、たたく以外の方法を教えましょう。子どもの不十分な言葉を補ってあげたいですね。親が子どもをたたきながら「友だちをたたいてはダメ」と教えるのはNG。そうすると、たたくことがコミュニケーションだと勘違いしてしまいます。

あきえさん たたかない子どももいますよね？それは性格（気質）なのでしょうか？

大日向先生 気質の問題もあります。たたいてしまうから乱暴なのではなく、伝えたいことが先に立ってしまうと手が出てしまうのです。言葉を覚えていくと、回数も減ると思います。

あきえさん うちも下の子どもが友だちをたたきがちの時期があり、悩んでいましたが、一番効果があったのは「気になるなら、たたくのではなく、ツンツンしようね」「たたくのではなくハグしようね」という声かけ。幼稚園の先生は「**嫌なことがあってたたきたくなったら、一度手をグーにしよう**」と伝えてくれました。

大日向先生 あきえさんが上手に怒りをコントロールしてあげたから直ってきたのでしょう。厳しくしかりすぎて怒りを抑えこませてしまうと、大人になってから必要なときに怒れなくなってしまうことも。子どもなりに怒っている理由があるはずですから、たたいて抑えこまず、言葉で聞いて理解してあげてください。

29

怖がりで外の世界が広がらない

「大丈夫だよ。ドキドキするよね」

柴田先生　世の中には安心しないと一歩踏み出せない子どもと、考えるより先に行動してしまう子どもがいます。怖がりというのは安心しないと踏み出せない、慎重派なんです。やったことがないことに対して慎重になるのは当たり前。その子どもなりに前に踏み出すための勇気が出るのを待っているのだと思います。

怖いと感じるのは想像力があるからです。想像力が豊かになるのは、3歳くらいから。なので、2歳の子どもは肝試しをしても怖がりません。大きくなればなるほど、おばけや妖怪がいるかもしれないと想像してしまい、怖いと感じるんです。

あきえさん　親は子どもにどう接したらいいのでしょうか？

柴田先生　親はせっかちで、すぐにイライラしてしまいがち。子どもの成長をなかなか待ってあげられないんですが、「この子は私を鍛えるためにのんびりしている」と思って構えているといいと思います。

子どもの心情を無視して、大人の都合通りに事はなかなか進みません。「慎重なんだね、今は」とやさしく見守りましょう。見守りながら「大丈夫だよ。ドキドキするよね」など、共感

#3歳 #4歳 #5歳

する言葉をかけてあげれば、「自分は否定されていない」ということがわかって、落ち着くのではないでしょうか。

あきえさん　うちの子どもは怖がりではなくアクティブに攻めていくタイプですが、それはそれで悩みです。でも、**どのような悩みでも、子どもを近くで見すぎてしまうとあまり良くない**気がします。少し距離を取って、脚本のない舞台を客席から楽しんで見ているくらいの気持ちでいたほうがいいんですよね。

大事なのは

子どもの想像力を大切にして、やさしく見守ること

＼ 幼稚園入園前から年長まで ／

子どもの成長と友だちとの関係

友だちと遊びたがる時期、遊びたがらない時期……。
友だちとの関係は子どもの年齢によって変わっていきます。
どう変化していくか、北海道大学の川田学先生に教えていただきました。

※ NHK『すくすく子育て』2023 年 7 月 23 日放送分より。

幼稚園 入園前

「ひとり遊び、並行遊び」

まだまだひとり遊びが好きな時期ですが、まわりに友だちがいることで互いに刺激を受け合っています。一見ひとり遊びに見えても、よく見ると同じような動きをしていることもあります。これを並行遊びといって、友だち同士での遊びの入り口の姿なのです。

幼稚園の 年少

「響き合い、トラブル多発」

個人差はありますが、子ども同士はまだお互いの気持ちがわからず、マイペースに遊びたい時期。遊んでいたおもちゃの取り合いになるなど、トラブルも起こりやすくなりますが、トラブルが起きるのは、友だちとの関わりが育ってきている証しでもあります。一方で波長が合う友だちができると笑いながら盛り上がることもあり、その両面が見られる年齢といえます。

幼稚園の 年中

「人の気持ちの理解、葛藤」

年中になってくると、じょじょに人への理解が深まっていきます。年少の頃にはわからなかった友だちの気持ちや視線が気になり、またはげみになることも。友だちの気持ちがわかってくるので、「いっしょにこういうふうにやってみたい」という思いを共有しながら遊ぶ姿が見られるようになります。一方で友だちの気持ちがわかる分、行動をためらったり葛藤したりする気持ちも生まれてきます。

幼稚園の 年長

「協力関係、言葉のトラブル」

友だち同士で協力して遊びを進める姿が見られる年齢。例えば物語の世界を何人かで共有しながら、役割分担して大きな製作物をつくる様子なども見られます。このように協力し合う姿は、子どもたちの言葉が豊かになってきている証しでもあります。しかしその一方で、うそをついたり、わざと相手を傷つけることを言うなど、言葉が原因のトラブルも出てきます。

鈴木あきえさんを支えた

子育て中のやさしい言葉 2

「子どもは点ではなく面で親のことを見てくれる」

　この言葉は大日向先生に、子どもは親がしかったときにどう感じているのかを説明する回で教えてもらいました。子どもに強く言いすぎた、しかりすぎてしまったときに、親はその出来事を点や、「昨日もしかってしまったのに」と線でとらえがちです。でも子どもは親を面で見ていて、例えば抱きしめてくれたこと、いっしょに笑ってくれたこと、落ちこんだときにはげましてくれたことなど、親のすべてを見て覚えていてくれるのです。

　親は自分のできなかったところを、点や線で考えて落ちこんでしまいます。でも面で見るとそうではなく、楽しい時間のほうが多いはず。子育てを面で考えられるようになってからは、あまりできなかったことにとらわれすぎず、少し自信が持てるようになりました。

「子どもとの時間は、量ではなく質」

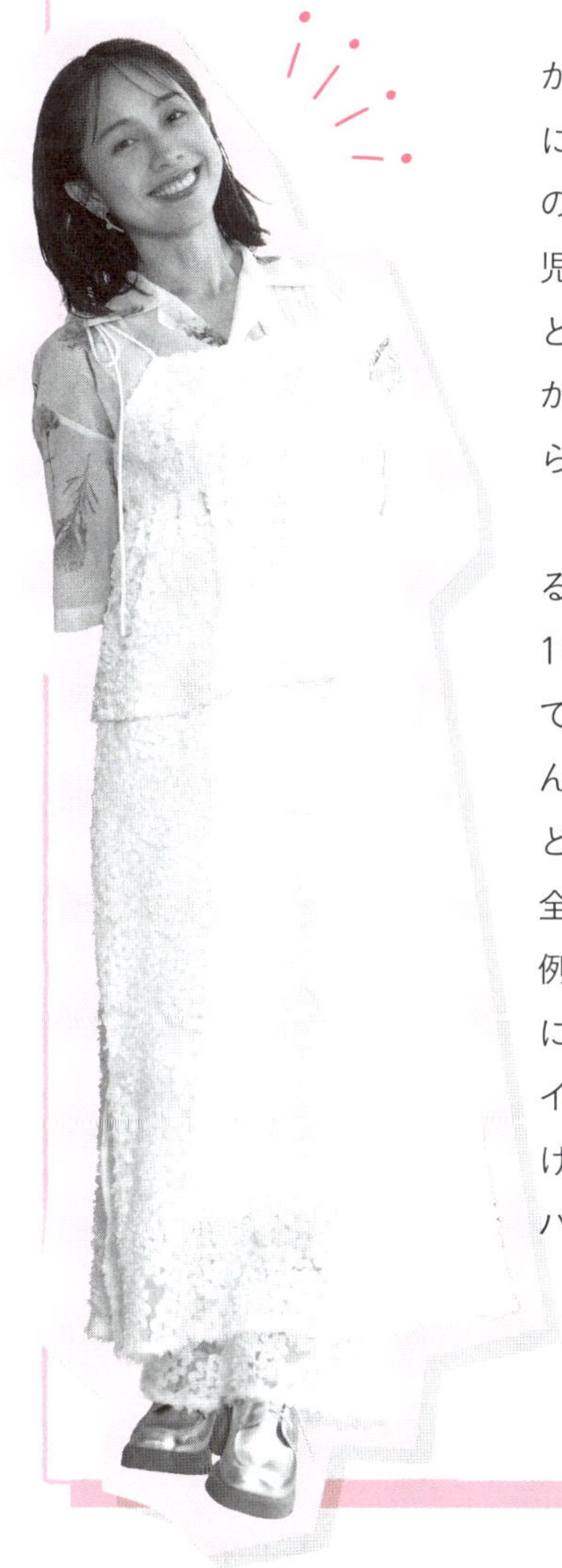

うちでは子どもたちを、月齢が低い頃から保育園に預けていました。そのことに対して後ろめたさがあった時期に、この言葉を知ったんです。また番組で乳幼児教育実践研究家の井桁容子先生に、「子どもと接しているときは、10分でいいからうわの空をやめよう」と教えてもらったのも印象的でした。

例えばスマホを見ながら子どもと接するのはうわの空だということ。ならば10分、難しければ3分でいいので全力で向き合うほうが良い時間だと気づいたんです。いっしょにいる時間は短いけれど質で考えるようになってからは、私も全力でいっしょに遊ぶようになりました。例えばなにかの作業をしながら中途半端に接しても、作業も進まないし子どももイライラするだけ。それなら、10分だけでも全力で向き合ったほうが、お互いハッピーな気がしますね。

第4章

子どもを
成長させたい
親の声かけ

30 お手伝いしてくれた

「お手伝いをしてくれて助かったよ、ありがとう」

大日向先生　しかるときに「だからあなたはダメだ」と存在そのものを否定してしまうことがあると思います。それはおすすめできません。逆に、〝お手伝いしてくれた〟というパーツだけをほめてしまうのも、子どもが親に気に入られるための行動を取ることに一生懸命になってしまうことがあります。

また、ちょっとしたことを過剰にほめることもおすすめできません。**〝パーツほめ〟〝過剰ほめ〟が続くと「100点を取れなかった」「上手に絵が描けなかった」だけで、自分は悪い子どもだと思う**ようになってしまいます。

お手伝いしてくれたときは、「お手伝いをしてくれて助かったよ、ありがとう」という声かけで、家族の一員として役割を果たしてくれたことに対する、感謝の気持ちを伝えてあげてください。

あきえさん　ほめるよりも、感謝する声かけがいいんですね。

大日向先生　ほめてなにかをさせようとか、見え透いたほめかたは良くないですね。なにかを期待してほめるのではなく、心からすごいと思うような感動があったら、それを素直に伝えるのがいいのではないでしょうか。「うれしいよ、

3歳 4歳 5歳

大事なのは

一部分だけをほめず、家族として感謝の気持ちを伝えること

ありがとう」という気持ちで、ぎゅっと抱きしめるなどして伝えるのがいいでしょう。

「わー、すごいね」と言えば、子どもがもっと手伝ってくれる、才能が伸びるなどを期待した、駆け引きのようなほめかたはおすすめできません。

あきえさん　私も気持ちが動いたときは素直にほめていますが、普段からただほめるのはあまり良くないと感じています。

それよりも過程を見てあげることが大切だと思います。子どもに**「あなたのことをちゃんと見ているよ」というニュアンスの言葉で、認めるような声かけをする**と、子どももとってもうれしそうです。

31 子どもの特技を伸ばしたい

（ひと言で）「楽しいね！」

あきえさん　上の子どもは動の遊びは好きでしたが、おりがみやお絵かきのような静の遊びにはあまり興味を示しませんでした。でも、子どもにはブームがあるようで、年中になった途端、なにかきっかけがあったのか急におりがみやお絵かきに夢中になり始めたんです。

それ以来、**子どもが苦手そう、興味がなさそうにしていることがあっても、「うちの子どもにはできないな、今は」と素直に思えるよ**うになりました。〝今は〟と考えるようになったことで、気持ちがすごく楽になりました。

以前、息子に泳げるようになってほしくて、スイミングスクールに通わせていたのですが、「どうしても辞めたい」と言われてしまって……。本人が嫌で楽しくないことなのであれば、続けさせるのは難しいなと痛感しました。今は「習いごと＝子どもが楽しい」という前提で考えるようにしています。

大日向先生　〝今は〟と、期限を切って考えるのは、とても良いことだと思います。小さい頃にいろいろなことをやらせてあげるのは大事ですが、子どもに苦手や嫌いという気持ちは持たせないほうがいいですね。

私も幼少期にたくさんの習いごとをしまし

#4歳 #5歳

大事なのは

苦手や嫌いな気持ちを持たせず、楽しんでやらせること

た。母は上手にできなくても一度も怒ることはなかったし、他人と比べるようなこともしませんでした。だから今でも嫌いと思うことはなく、最近になって再び始めたものもあります。

お子さんが嫌だと言ったときに無理に続けさせずに、辞めさせるのもいいと思います。夢中になれることがあるならそれでＯＫ。楽しそうにやっていることがあれば、無理に能力を伸ばそうとせずに「楽しいね！」のひと言でいいと思います。

なにをさせたらいいかわからなければ、親が好きなことを一度させてみるのもよいでしょう。できないからといってしからないで、やさしく見守ってあげられるといいですね。

32 運動に興味を持たせたい

「いっしょに体を動かして遊ぼうか」

大日向先生　周りの子どもが運動している中で遊具に興味を持たずにおとなしくしていたり、じっと前かがみになっているのであれば、私はその子どもは慎重なのだと思います。きっと周囲をよく観察しているのではないでしょうか。例えば災害が起きたときに大切な才能になるかもしれません。

　周りがきちんと見えていることはすごい才能だと、私は肯定してあげたいです。また静かにしているのも今だけで、いつまでもおとなしくしているわけではなく、その子らしく動けるようになることも、よくあります。

あきえさん　大日向先生のお話を聞いて、それは子どもの長所だと納得できる気持ちもありつつ、きっと自分の子どもだったら心配になってしまうのだろうなと感じました。**親は「なんとかして自分が子どもを変えなければ」と考えてしまって、悩んでしまう**のでしょうね。そういうときにどのように考えると、親は気持ちが楽になるのでしょうか。

大日向先生　もしかしたら周りにいるお友だちのことが気になっているのかもしれませんね。例えばだれも周りにいない、なにもない原っぱなどに行って、「いっしょに体を動かして遊ぼ

#3歳

大事なのは

「慎重なのもその子どもの個性」だとわかってあげること

うか」などと誘ってみるのはどうでしょうか。それでいっしょにやってくれるならば、大丈夫だと思います。

周りに人がいるときにいっしょに運動をする子ども、ただ見ている子ども、どちらが良いというわけではありません。慎重なのはその子どもの個性だとわかってあげましょう。

あきえさん 無理やりやらせたり、**怖がっている子どもに「なぜあなただけできないの？」などと聞くのは良くない**のですね。

大日向先生 そうですね。子どもを傷つけたり、その子どもが本来持っている良さを台無しにしてしまったりしないように、心がけていきたいですね。

33

子どもが好きなことに夢中になりすぎている

「さっきは止めてしまったけれど、続けたかった？ごめんね」

大日向先生　親はよく子どもに「好きなことを見つけなさい」と言いますよね。大人でも見つかっていない人がいるのに、それを子どもに言うなんて、私はあれほど残酷なメッセージはないと思っています。その一方で、本当に好きなことを見つけて没頭している子どもに対して大人は「そんなことばかりしていないで勉強しなさい」と言うことも。バランスが非常に難しいとは思いますが、子どもは放っておいても好きなことや夢中になることを見つけてきます。

大切なことはそれを大人が奪わないこと。**仮に見つけられなくても、たゆまずにしっかり生きていける力を身につけることも大切**です。

あきえさん　私は上の子どもが1歳半くらいのときに、遊びかたに正解がある知育玩具ばかり買っていました。そうすると、子どもはすぐに飽きてしまうんです。やりたいことをやらせてあげたいと思いつつ、振り返ると制限が多かったのかなと思います。

ただ私の実家に連れて行くと、孫に甘い私の母が「なんでもあり」と子どもを自由にさせるんです。そうすると子どもも自分の家ではやらないような木のお皿での遊びを、母と楽しそうにしていました。家では私が厳しくしているの

#5歳

でできないのでしょうが、**自由にさせると、こんなにのびのびとして、自分で遊びかたを見つけるのだと驚いた**ことがありました。

大日向先生　制限と自由はバランスが大切です。祖父母が自由にさせるのは悪くありませんが、それだけだと困ってしまいますね。好きなことをずっと続けさせたいけれど、子どもが夢中になりすぎてしまったとき、どの辺りでバランスを取ってやめさせるかなど、悩みながらやっていくことになります。

もし途中でやめさせてしまったときは、「さっきは止めてしまったけれど、続けたかった？　ごめんね」など、子どもの気持ちを認めてあげるような声かけをするのもいいでしょう。

大事なのは

子どもが好きなことと、生活とのバランスを考えること

34

子どもの肯定感を育む

「挑戦したことが偉いね。よくがんばったね」

遠藤先生　もし子どもが挑戦することが苦手で心配だったとしても、むやみやたらにほめすぎないように注意する必要はあります。肯定感を育むつもりで根拠なく、または簡単なことでもほめ続けてしまうと、「ほめられ中毒」になってしまう可能性も。ほめられないことに恐れを持つようになってしまい、失敗を恐れてチャレンジできなくなってしまうのです。

肯定感や自尊心がうまく育っている子どもを見ると、ほめられる回数は多くありません。子どもが関心を持って、夢中になってがんばったときに、ほめるべきところを見極めて、根拠を

#4歳

#5歳

大事なのは

夢中になってがんばる、子どものその姿勢をほめること

持って親がほめていると感じます。失敗しても関係なく、ほめるのはチャレンジしたこと、それ自体です。「挑戦したことが偉いね。よくがんばったね」と言ってあげましょう。

逆に根拠なくやたらとほめてしまうのは危険です。本来はそのような力はないのに自分は偉い、すごいと思いこんでしまいます。

あきえさん　結果よりもプロセスを見て、ほめるのが大切なんですね。私はなにかしたときというよりは、毎晩子どもたちが寝る前に、「生まれてきてくれてありがとう」と存在を認めたりするような言葉を伝えるようにしています。これも自己肯定感につながりますか？

遠藤先生　根源的な自己肯定感を養うには、その方法が良いと思います。先ほどのようにその場ごとの能力に対する肯定感＝自己効力感を養う声かけがあるいっぽう、「自分は愛してもらえるだけの価値がある」という、根源的な自己肯定感を養うのも重要です。自分は大切にされているという気持ち。本来はそちらを最初に培っておくのがいいですね。

あきえさん　**いいところだけでなくダメなところも認めてあげるといいと聞いたことがあります**。なのでそれを実践していたら子どもからも、「ママは今日怒っていたけど、そんなママもいいんだよ、大好きだよ」と言われて。嫌なところを含め、ありのままを認めてもらえるとこんなにうれしいんだと心の栄養になりました。

35 手洗いをひとりでさせる

「いっしょに洗おうか」

柴田先生　手を洗うことは子どもにとっては面倒なこと。「手を洗っておいで」と言うと、洗っていなくても「洗った」と言う子どももいます。もちろん反対に水遊び感覚でよく洗う子どももいますけどね。なので、嫌がる子どもには手を重ねながら「いっしょに洗おうか」とやってあげるのがいいのではないでしょうか。

あきえさん　うちの子どもも2歳くらいまでは本当に洗ってくれなくて……。もう諦めてウェットティッシュでふくようにしていました。
　でも、最近は自分でちゃんと洗ってくれるようになったんです。**きっといつかはやってくれるようになるんだから、あのときに必死になって教えなくてもよかったかも、**と今はしみじみ感じています。

柴田先生　手を洗うのは基本的に人間の文化なんです。それが身につくようになるのは4歳くらいからで、0～3歳に人間の文化を理解させるのは難しいこと。4歳になると「こうやるんだ」と理解し、5歳になると「やらないとしかられる」と思うように。だから5歳くらいまでは、大人と同じような生活スタイルで過ごすのは当たり前のことではないんです。
　以前、子どもに毎日「おはよう」とあいさつをしていたら、「大人ってあいさつが好きだよね」と言われたことがありました。子どもにとってはそれが当たり前ではありません。あいさつや片づけ、手洗いなど人間の生活習慣が、2歳までに身につくはずがないんです。

あきえさん　親としては今、自分が教えなければ誰が今後教えるのだと思ってしまいがち。でも文化がわからない小さい頃はそこまで気にしなくていいんですね。

柴田先生　それでもどうしてもやらせたいのであれば、「**私もやるからやろう。キレイになったね、いい香りだね**」と親がいっしょにやってあげましょう。自ら「手が汚れたら洗う」という2歳児はなかなかいないと思いますよ。

大事なのは

「大人のルールが子どもにも当然」ではないと理解すること

36 着替えをひとりでさせたいがうまくいかない
「今日は忙しいからサービスして、手伝ってもいい？」

柴田先生　私の見ている2歳や3歳の中にも、ひとりで着替えができない子どもがいました。ずっと見ていると、子ども自身もイライラしているのがわかるんです。その子どもの親に聞いてみると、家でもひとりではなにもできないと。

でも1週間後にその子どもに会ったら、すべてがひとりでできるようになっていたんです。親に聞いたら、子どもがかわいくて大きくなってほしくないという気持ちがあり……よく考えたら家では無意識に親がすべてをやってあげていたと。ひとりで着替えさせてみたら子どもも「できたー！」とすごく喜んで、それを見た親も成長する姿を見られるのはこんなにうれしいことなんだと気づいたそうです。

過保護すぎて子どもができないこともあれば、やらせようとしすぎてプレッシャーを感じてしまう場合もあるので、難しいですよね。

もしうまくできなくて困っていたら、子どものプライドが傷つかないように「今日は忙しいからサービスして、手伝ってもいい？」と聞いてみるのはどうでしょうか。そうすればじょじょに覚えていくと思います。

あきえさん　うちはつい最近まで、幼稚園ではひとりで着替えるのに、家では「やって」と

#2歳 #3歳

言ってもひとりで着替えなかったんです。最初はイライラしたりしていました。そのうち、「家ではできなくても、外でひとりで着替えられるならいいか」とわりきって手伝うことにしていたのですが、お泊まり保育をきっかけに自分で全部やるようになりました。

柴田先生　1回できていたことが、できなくなることはほとんどありません。**気持ちがのっていないからやらないだけ**。ひとりでできるようになったら、親が遠くに行ってしまうと思っているのかもしれません。着替えることをゲームにするというのもありますが、ずっとは続かないのでなかなか難しいですね。

あきえさん　「子どもの気持ちがのってないからやらないだけなんだ」という心の引き出し、今後も役に立ちそうです。

大事なのは

まずはひとりでやらせてから、様子を見て手伝うこと

\ 子どもを成長させるほめかたの呪文 /

イオプカシ

子どものほめかたにもいろいろな方法があります。
吉村直記先生（おへそグループ統括園長）直伝の、
子どものやる気を引き出す5つのほめかたを紹介します。

※NHK『まいにちスクスク』2023年3月24日放送分より。

イ　イイトコほめ

子どもがひらがなをすべて書くことができたそうですが、一部を友だちに手伝ってもらいました。そういうときは、“できていること”に注目！　できなかったことにフォーカスすると、子どもはあきらめて行動をやめてしまいます。

イイトコほめの声かけ

「最後までがんばれてかっこいいね」
「これを書いたなんてすごいね」

オ　オドロキほめ

子どもが苦手なことができたときに、大きなリアクションでほめてあげるようにしましょう。子どもは喜んで、次回もがんばろうという気持ちになれると思います。

オドロキほめの声かけ

「ひとりで全部できたの？
すごいね！」
「嫌いな○○がなくなっている！
全部食べられたなんてびっくり」

プ　プロセスほめ

なにかに挑戦したときに達成できた結果だけでなく、がんばった・チャレンジしたプロセスに注目します。結果は運動能力や体質、発達、年齢などにも起因します。本人のがんばりに声をかけることでモチベーションが上がり、また挑戦したいと思えるはず。結果はきっと後からついてきます。

プロセスほめの声かけ

「挑戦したんだね、すごい！」

「やってみたことがすごいよ。

がんばったね」

カ　カンシャほめ

子どもがお手伝いをしてくれたとき、下の子どものお世話をしてくれたときは、「ありがとう」という感謝の気持ちを伝えましょう。大人が喜んでくれると子どもは、もっとやってみようという気持ちになります。

カンシャほめの声かけ

「ありがとう、とても助かったよ」

「手伝ってくれてうれしかったよ」

シ　シツモンほめ

普段自分たちにたくさんのことを教えてくれる大人が質問すると、子どもたちはうれしい気持ちになります。なにかができたときは、「私にも教えて」と伝えていろいろなことを質問してみましょう。

シツモンほめの声かけ

「すごいね！　どうやってやるの？」

「私にもやりかたを教えてほしいな」

鈴木あきえさんを支えた

子育て中のやさしい言葉 3

「100％を目指さなくていい。25％くらいでいい」

子育てをしていると日々反省ばかりで、自信がなくなってしまうことも多いんですよね。心の専門医の田中恭子先生のこの言葉を聞いたとき、「25％でいいんだ……」と衝撃を受けたのを覚えています。80％くらいを予想していたのですが、まさか25％でいいとは驚きだったんです。

私はついつい親として完璧にやりたい・やるべきという、“べきおばけ”が自分の中に現れがち。そういうときに「25％でいいんだ、適当ママになろう」と思えるようになり、できていることに目を向けるのが得意になりました。「もう今日は25％にしよう」と良い意味でダラッとする日もつくれるようになって、自分なりに手を抜いていいポイントもわかるようになってきました。

「1ため息は、1SOS」

子どもへの虐待について取り上げた回で、大日向先生に教えてもらった言葉。親の1ため息は、1SOSと受けとめるといいと言ってもらいました。

「虐待」ってテレビの中の出来事で自分には関係ないように思えますが、親になると思っていた以上にカッとなってしまうことも多く、きっと遠い世界のことではないんですよね。番組で虐待の話を聞いて、イライラを溜めて良いことはないと実感。「1ため息は、1SOS」と考えるくらい自分を大切にできないと、結果的に親子にとって良くないことにつながっていく可能性があるんだと思いました。

それからは1回ため息が出たら、自分に良いことをしてあげるように。甘いミルクティを飲んだり、少し高めのお肉を買ったり、久しぶりにメイクをして出かけたりするなど、すぐできるごほうびを自分に与えて早めに処置するようにしています。溜まる前に、爆発しないように解消するのが秘訣ですね。

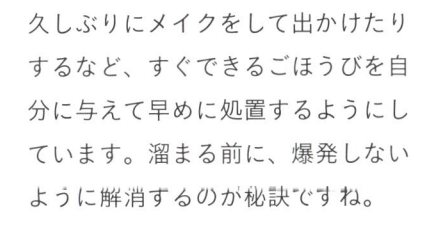

第5章

子どもの気持ちがわからない親の声かけ

37

食事をあまり食べてくれない

「これおいしいね、おいしいよ」

あきえさん　うちの子どもは少食なので、食べさせなきゃと以前は焦っていました。なので、気づくと食事の時間はずっと注意ばかりしていて、**私も子どもも食べることが楽しくない状態に。そのときに番組で、「食事はとにかく楽しむことが優先」と教えてもらいました。**そこからはお行儀は二の次。幼稚園ではお行儀よく食べているので、家での食事はマナーよりも楽しんで食べてもらうことを優先にしました。そうすると私も子どももストレスが少なくてすむんですよね。あとは「子どもの集中力はそんなに長くは持たないのでしかたない」と思っておくと、気持ちが楽になりました。

柴田先生　親は子どもの体を成長させるために、私がしっかり食べさせなければと思いがちです。でも、本来は命をつなぐために食事があります。好き嫌いがまったくなく、すべてを残さず食べる動物はおそらくいません。どんなに食が細くても、自分の体に必要な分は子どもが自分で獲得するんです。なので、**すべてを食べないと健康でいられないと、あまり脅かさないほうがいいような気がします。**現代は昔より豊かになり、摂らなければいけない栄養素も増えました。本当にこれらをすべて食べなければ健康でいられ

#2歳 #3歳

大事なのは

周りの家族みんなが、おいしそうに食事をしていること

ないのかな……と、一度考えてみてもいいかもしれません。

　そして子どもが食に一番関心を持つのは、周りの人がおいしそうに食べているのを見ること。今は無理に食べさせる必要はないと思っていても、「これおいしいね、おいしいよ」と見せてあげるのがいいと思います。そうすると「本当に？」と子どもも興味を示すかもしれません。自分の小さい頃の食体験を振り返ってみてください。私も小さい頃はやせていましたが元気に過ごしていたので、親も納得していました。

あきえさん　本当にそうですよね。食べる量や栄養素ではなく、子どもの状態を見て判断すればいいのかもしれませんね。

38

あいさつをしない
「おはようって言ってくれてうれしい」

柴田先生　あいさつをあまりしてくれない子どもには、こちらがあいさつし続けるのが一番大切。子どもにとってあいさつは、本能的に持って生まれている文化ではありません。そういう礼儀、あいさつを身につけてもらうためには、大人からその文化を子どもに伝えてあげないと難しいです。

あいさつができる子どもになってほしいのであれば、朝起きたら「おはよう」とまずこちらから声をかけること。「おはようは？」「いただきますは？」と無理に言わせるのではなく、親が率先してやりましょう。子どもはそのうち親がやっていることを、真似するようになると思いますよ。

あきえさん　「おはようって今日は言えていたね！」というような声かけをするのはどうでしょうか？

柴田先生　それよりも「おはようって言ってくれてうれしい」のほうがいいと思います。「おはようって言えていたね」というのは、少し上から目線なんですよね。評価されても子どもはそれほどうれしいとは思わないかもしれませんが、親が喜んでくれたことはうれしく感じると思います。

#5歳

大事なのは

（あいさつをしてくれたら）親はうれしいと思う気持ちを伝えること

あきえさん　子育ての本などではよく、「ほめるのではなく、認めてあげましょう」と書いてあって実践しているのですが……。でも**言われてみると「認める」ってちょっと上からに感じるときもあるかもしれない**ですね。

柴田先生　例えば食事ひとつをとってみても「ぜんぶ食べてね」「食べられて偉いね」ではなく、「ぜんぶ食べてくれてうれしい」という、親のストレートな気持ちをちゃんと伝えてあげてください。そうすれば、きっと子どももうれしいと感じてくれるはずですよ。

あきえさん　子どもは親を喜ばせたい気持ちが強いなと感じるし、私自身もうれしいことは、素直に子どもたちに伝えていこうと思います。

39 片づけをしない、できない

「ここにおもちゃを集めようか」

#2歳 #3歳

柴田先生　子どもにとっては〝片づける〟という言葉はとても抽象的。ものを収納場所に戻してキレイにするというのは、人間の文化なんですよね。なので、3歳くらいまでで、片づけることをはげみに思う子どもはいないと思います。**「片づけなさい」という言葉は子どもには難しいかもしれませんが、例えば「ここにおもちゃを集めようか」など、具体的にしてほしいことを言えば理解する**のではないでしょうか。なにをどこに収納するか伝えて、最後に「キレイになったね、私もうれしいよ」と喜んでみましょう。片づけるときに音楽などをかけて楽しい雰囲気にすれば、気分良くやってくれるかもしれません。「おもちゃは大事だからしまおうね」などの声かけは、子どもにはわかりにくいかもしれません。

あきえさん　私も子どもには片づけるという言葉よりも、**「遊んだらぬいぐるみのお部屋に入れてね」など、細かく伝える**ようにしています。他にもスマホにお片づけの歌が入っているので、それを流している間に集中してやってもらうように。あとは私が片づけ好きなので、自分でやってしまうこともありますね（笑）。そのほうがキレイになってストレスも減ります。

大事なのは

「なにをどこに収納するか」を、具体的に伝えること

柴田先生　片づけは親のタイプにもよりますよね。おおざっぱに「このカゴに全部入れて」という人もいれば、パズルのピースのように細かく収納場所を決めたい人もいます。満足度は親によっても違うので、難しいですよね。

あきえさん　確かに片づけるレベルは、親次第かもしれないですね。

柴田先生　例えば食事前にテーブルをキレイにするために片づけたいときがありますが、必然性を感じているのは大人だけなんです。子どもは自分が使うところにあるものだけ避けて、食べられればいいんですよね。だから、たまには思い切って片づけずに過ごす日があってもいいのかもしれませんね。

40 しかっても言うことを聞かない

（真剣な顔で）「やめなさい！」

大日向先生　しかるときに**大切なことのひとつは、しかる頻度。**ささいなことも含め日常的に朝から晩までしかっていると、子どももバックミュージックのように言われたことを右から左に流してしまいがちになって、内容が子どもの心にまったく届かなくなってしまいます。

また、**しかるときの真剣度も重要**で、本当にやめてほしいことであれば、真剣にしからなければいけません。また、時と場合によってしかる内容を変えてしまったりすると、子どもはなにをしかられているのかわからなくて、戸惑ってしまいかねません。

#3歳
#4歳
#5歳

親も朝から晩までしかるのは辛いはずです。そういうときは親自身がストレスフルな状態から脱するために、お金や時間を使ってでも少しリラックスする工夫が必要だと思います。

あきえさん　しかりかただけでなく、親の環境を見つめ直すのも大事ですね。

大日向先生　しかってても言うことを聞いてくれないと感じるのであれば、親も辛い環境にいることが考えられます。本当にしかるべきこと、そうではないことの分別が親もついていないのではないでしょうか。

例えば誰かをぶじょくしたり、相手の心を傷つけるようなことをしたときには、必ずやめさせるべきです。そういうときは真剣な顔できちんと「やめなさい！」としかること。ただし、しかるのは1日3回くらいまでにして、テーマは1つか2つに絞ると良いでしょう。

あきえさん　**ストレスが溜まっていると、しかりの連続になりがち。**こっちが安定しているときは気にならないことも、ついしかってしまうんです。なので、3回くらいという目安はわかりやすくて良いですね。例えば場所を変えるのは有効ですか？　うちではキッズテントを部屋に置いていて、しかるときはそこに呼んで伝えていました。

大日向先生　それは良いですね、お散歩したり、買い物に行ったり、日常と切り離された空間で伝えるのは効果的だと思います。

大事なのは

子どもをしかる回数、強弱などのメリハリに気をつけること

41

指しゃぶりがやめられない

「やめようね。今はしないでいいようね」

遠藤先生　指しゃぶりは激しくなって指が切れたりマメができたり、あとは衛生面でも指が口に入るので心配ですよね。指をしゃぶると気持ちが落ち着く子どもも多く、それ自体は大切なのですが、あまりにも頻度が高いようであれば身体にも影響があるので早い段階からやめるように働きかける必要があるかもしれません。

指しゃぶりをやめさせたいのであれば、他に落ち着ける方法など代替手段を考えてみるのがいいと思います。おもちゃ、親とのコミュニケーションなど、なにかあるはずです。

よく指しゃぶりの代わりに毛布やぬいぐるみを手放せない子どもがいますが、身体に悪い影響を及ぼすわけではないので、そちらは良いと思います。それで落ち着けるのであれば、無理に取り上げないほうがいいでしょう。

あきえさん　子どもに「指しゃぶりはやめようね」など、言ってもいいのでしょうか？

遠藤先生　習慣化してしまい、やらなくてもいい状況でもずっと続けているのであれば「やめようね。今はしないでいようね」「手をつなごうね」などと言うといいと思います。ただ、子どもにストレスがかかるような状況でしているのであれば、無理にやめさせるとパニックに

大事なのは

（指しゃぶり以外の）落ち着ける他の行動を考えてみること

なってしまうことも。そういうときは見守ってあげてください。

あきえさん　うちも上の子どもが2歳くらいになったときに、指をなめる癖がついてしまい……。クラスが変わったなどの環境の変化のせいかもしれませんが、明らかに（本人が）どうしようか悩んでいるタイミングでやっていました。ただ、**私も小さい頃にやめられない癖があったのですが、自然となくなったので、このときも過度に気にしない**ようにしていました。

遠藤先生　たいがいじょじょに減っていくと思います。なので、ツメをかむことも含め、あまりに過度な場合以外はそこまで心配することはないと思いますよ。

42

イヤイヤばかり言う

「これとこれ、どっちにしたい？」

柴田先生　子どもは自分のことを尊重されたいと思っています。そのため、もし命令されるような言いかたをされると、「思うようには動きません」と思ってしまうのかもしれません。そうならないためにも、48ページでもあったように**選択肢を与えるといいのではないでしょうか。そうすれば子どもに意思を尊重していることが伝わる**と思います。

あきえさん　私は子どもがイヤイヤ期のときに、イヤイヤマンという言葉を使っていました。子どもがイヤイヤと言い始めたら、「イヤイヤマン来ちゃった？　どの辺にいるの？」と聞くように。すると子どもは「この辺にいる」など体のどこかを指すんです。なので、私は「やっつけられる？」と聞くと、子どもは「がんばってみる」と言ってたたかうんです。そうすると子ども自身も自分がヒーローになれるし、イヤイヤマンがいなくなってすっきりするそう。この手によく頼っていましたね。

あと、番組でよく教えてもらったのは、イヤイヤ期のときは向き合いすぎると親も疲れてしまうということ。だから向き合いすぎずに、肩の力を抜いてゆらゆらしましょうと。親がきちんとしすぎるのは危険だと感じました。

#2歳

#3歳

柴田先生　親がストレスを抱えると、子どもも同じストレスを抱えてしまいますからね。

あきえさん　（番組で）イヤイヤ期に新しい名前をつけようという話も出て、いっしょにMCをしていた古坂大魔王さんは、「いやいやいやいやいや(^^;)、イヤイヤ期」なんて言っていました（笑）。**その頃の子どもの行動すべてに突っこんで、笑いにしちゃうくらいのテンションでやると乗り切れることも多い**よ、と。

柴田先生　子どもは親のことが大好きで、捨てられたらどうしようと危機を感じるほどの年齢です。それでも命をかけて、嫌われてもしかられてもイヤイヤ言うのは、自分と親が違う人だと気がついたから。自分の人生を歩きたいから、意見を聞かれると「大事にされた」と感じて、うれしいんでしょうね。

大事なのは

子どもにやみくもに命令せず、意思を尊重すること

43 がまんができない

「あの長い針がここまで来たら○○しようね」（公園などでアナログ時計を見て）

大日向先生　例えば公園で遊んでいて切り上げて帰るようなときは、それを子どもに前もって予告してあげましょう。「あの長い針がここまで来たら、帰ろうね」など行動の見立てができるようにしておいて、気持ちをコントロールする力を育んでいくといいかもしれません。楽しくしているときに突然帰ると言われたら、それに従えなくても自然だと思います。

一方、がまんできずに突然道路に飛び出して車にひかれてしまうかもしれないというようなことだと、また話は別です。こういうときは、がまんできないことを真剣にしかるべきだと思います。命を守るためにするがまんについては、命懸けで真剣に伝えてください。日本人は昔からがまんという言葉が好きですが、何のためのがまんなのか、考え直すべきではないでしょうか。**がまんは目標を立てて、自分をコントロールする力。目的もわからずにがまんさせるのは、小さい子どもには難しい**ことだと思います。

あきえさん　子どもの場合、そういうがまんをする自制心は、だいたいいつ頃から身につくのでしょうか？

大日向先生　相手のことを思って自発的に自分の行動をコントロールできるのは、小学校中学

#3歳 #4歳

大事なのは

子ども自身が自分の行動の見立てができる環境をつくること

年～高学年くらいからだといわれています。それまでは大人が言うからやめる、あるいは親が怖いからやめる。小学校中学年くらいから、みんなで決めたことを破るのは良くない、相手のことを考えてルールを変えるのも重要という考えかたに変わります。

だからといって、その年齢になるまでなにもしなくていいわけではなく、**相手の気持ちを考えたり、自分の気持ちをコントロールできるように積み重ねていくことが大切**です。小さい頃から命令ばかりして抑えつけてしまうと、自分の意見を言えず、権力のある人の言うことばかり聞くようになってしまうこともあるので、気をつけたいですね。

鈴木あきえさんを支えた

子育て中のやさしい言葉 4

「たゆたえども沈まず」

大日向先生が産後のメンタルクライシスを取り上げた回で教えてくれた言葉で、「不安定で揺れはするが、決して船は沈まない」という意味だそう。産後は本当にメンタルがグラグラして、私も元気のない時期がありました。そのときに大日向先生は、「不安定で元気が出なくても沈まなければいいの。人間には浮力が備わっているので、いつかは浮き上がれるときがくるはず。そのときまではグラグラでも大丈夫よ」と。その言葉に「今の自分の状態でも平気なんだ。いつもの自分じゃなくても認めてもらえている」とはげまされたのを覚えています。

私自身は一人目の出産後、断乳をしてやっと元の自分に戻れた気がします。当時の自分がそこまで気づいていたかはわからないのですが、断乳後に「なんだか軽くなった。私は本来これくらい明るかったな」と思ったので、きっとグラグラしていたのでしょうね。もし産後に私は変わってしまったと悩んでいるママがいたら、絶対大丈夫と伝えたいです。

「イヤイヤするのは、それまでの信頼関係があるから」

子どもがイヤイヤ期でてんてこ舞いのときに、番組で教えてもらった言葉。親もイライラ期になってしまい、子どもが純粋にかわいいと思えないときもある辛い時期でした。

そのときに「イヤイヤするのはそれまでの信頼関係があるから。つまり子育てがうまくいっているということ」という言葉を教わったんです。それで、私は勇気をもらえました。確かに子どもって初対面の人に、いきなりわがままを言うことは少ないと思います。信頼しているからこそ、無理を言いたくなるんですよね。

子どもがイヤイヤしているときはそこを責めるのではなく、いっしょにゆらゆらするくらいでちょうどいいとも教わり、二人目のときは「イヤイヤ期はゆらゆら期」と最初から思って臨むように。「よしよし！　信頼されているから、順調にイヤイヤ期がきたぞ」と思えました。

「子育てで迷ったときは、親と子どもがハッピーなほうへ！」

番組を通して教えてもらった、子育て中の私の頭の中に一番響いた言葉。子育てについていろいろなことを調べていると、情報が多すぎて正解がわからなくなるときがあります。そういうときは親と子どもが少しでもハッピーなほうが正解だと思って、決めるようになりました。

親として絶対にこれを貫き通したいというルールがあるときも、少しそれを破ってでも私と子どもが笑顔でいるほうが大事かなと。言っていることにブレがあると子どもも戸惑ってしまうと思うので、あまり良くないんですけどね（笑）。でも、どうしたらいいか悩んだときの正解は、きっと自分たちの中にあると思うんです。相談したり調べたりもしますが、結局ハッピーになれる正解は自分たちで決めるしかないので、模索する作業をこれからも楽しんでいければと思います。

第6章

子どものことで悩んだときの声かけ

44 しかりすぎてしまった

「私が良くなかったね、ごめんね」

あきえさん　しかりすぎは私もよくやってしまうのですが、番組を通して親も感情を出していいということを知りました。私の母がいつも明るくて元気だったのもあり、親は負の感情を子どもに出してはダメだと勝手に思っていました。しかし成長するにつれ、親にも人間味があることに気づいて……、子どもとしてもそれに気づけたことはうれしかったんです。番組で「親ももっと素直に感情を出していい」と知ってからは子どもの前でも怒る、謝るが増えた気がします。しかりすぎてしまったことに対しては、きちんと謝るようにしています。そうすると子どもたちは必ず許してくれるんですよね。

しかりすぎてしまう原因は親の置かれている環境などいろいろあると思うのですが、**私がそうなってしまうのは〝べきおばけ〟がいるとき。「こうすべき」という気持ちが強いときに、いらない怒りをしてしまう。**段々それがわかってきたので、そういうときは適当なママになろうと自分に言い聞かせています。

私自身、自分が親になってこんなに怒るタイプだと思っていませんでした。子育てをしていると感情がぶんぶん振り回される……。でもまったく怒らないのは難しいので、怒りと上手

大事なのは

親も子どもも同じ人間。悪いときは素直に非を認めて謝ること

に付き合わないといけないと思うようになりました。あとは家族だから嫌われないと思って、

強く言いすぎることも。家族に甘えすぎているのではと、反省することもありますね。

大日向先生　親になって自分はこんなに怒る人間だったのかと気づく人は多いですね。謝るということには努力がいります。例えば職場の後輩など自分より若い人に、なかなか「ごめんなさい」と言えないもの。謙虚に謝って、甘えすぎを反省しているのは、すてきですね。

あきえさん　最初は謝ることに抵抗がありましたが、謝る親の姿を見て、子どもが学ぶこともあると番組で教えてもらいました。

大日向先生　**親が「私が良くなかったね、ごめんね」と言って非を認めることは、子どもとの信頼関係を築くことにつながる**と思いますよ。

45

言葉が話せない子どもにも声かけしたい（やさしく語りかけるように）

「なにが嫌だったの？」

大日向先生　子どもへの声かけが大切だからといって、特別なことを言わないといけないわけではありません。子どもが笑ったら「かわいいね」、泣いたら「どうしたの？」などと自然に語りかけることが大切。特に相手が言葉をまだ話せない小さい頃は、必ず具体的なにかを伝えなくてはいけないわけではありません。

例えばもし子どもがかみついてきたら、語りかけるように、「なにが嫌だったの？」「ダメダメ」などと言うだけでも、十分な声かけになると思います。かみついたのは、おそらく他の表現方法がわからないから。言葉がわからない子どもにしつけや注意をきちんとしようとするのは、まだ早いのではないかと思います。

とはいえ、もしお子さんが他の子どもを泣かせたり怒らせるような行動をした場合、「嫌だったの？」と言うだけでは親同士のいざこざになってしまうことも。そういうときは、相手の子どもをいたわるような言葉をかけたり、自分の子どもの代わりに謝ることも必要です。

あきえさん　**赤ちゃんって実はすごく話を聞いていますよね。**私は赤ちゃんと手話やジェスチャーを使って話をするベビーサインを勉強したのですが、子どもに教えたところ9ヶ月くらいから「おっぱい」や「喉が渇いた」というサインを送ってくれるように。話せないけれどわかっていることに驚き、理解しているんだとわかりハッピーな気持ちになりました。子どもがまだ言葉を話せない頃は、ベビーサインにすごく助けられました。子どもが100倍くらいかわいく見えた覚えがあります（笑）。

大日向先生　そうですね。**赤ちゃんは話せなくても、そのときの雰囲気はわかっています**。胎内にいるときからママがうれしいときはリズミカルに動く、悲しんでいるときは動かなくなるなど、ママの感情は伝わるといわれています。その頃から赤ちゃんは周りの人とともにいる、と思っていたらいいのではないでしょうか。

大事なのは

「自分の言葉が伝わっている」と信じて語りかけること

46 親がやってほしいことを子どもがしてくれない

「それを先にしてから、こっちをやろうね」

大日向先生　イヤイヤ期のような、手のかかる時期の子どもによく見られますね。「ノー」以外言ってくれなくて、親も「もう嫌だ」となりがちです。こういうときの子どもを納得させるのは難しく、限界があると思います。なので、親は子どもがすべて納得するように、対応する必要はないでしょう。

あきえさん　うちの3歳の下の子どもがまさにその時期で、よくたたかっています（笑）。私が先にやってほしいことと、娘が先にやりたいことが異なるともう大変なのですが、**最近は私が「じゃあそっちを先にやろうか」とプランを変更する**ほうがスムーズだと諦めるように。私の「母親筋肉」もついてきました（笑）。

大日向先生　子どもとしては一度要求を聞いてもらえたことで、交渉が成立。気持ち的にも落ち着くと思います。あきえさんのように「それを先にしてから、こっちをやろうね」と提案するのはいいかもしれませんね。

この時期は、相手の言うことをただ拒絶したいだけということもあるので、「どうしたいの？」と聞いても言ってくれないこともあります。言ってくれたときは、親が折れてプラン変更するのもいいかもしれません。

#2歳 #3歳

大事なのは

子どもも親もすべて納得してからやろうと思わないこと

あきえさん　こっちが折れたくないときもあるんですけどね（笑）。そういうときは「じゃあママはこっちを先にやっているね」と切り離して考えます。それで私が楽しそうにしていると近よって来ることもありますし、来ないで自分を通していることもあります。

大日向先生　**答えはひとつではないので、臨機応変な対応でいい**と思います。

あきえさん　いろいろな引き出しを持っていると自分のはげみになることもあるので、失敗ありきでこれからも試していきたいです。

大日向先生　４、５歳になれば相手の気持ちがわかってがまんもできるようになるので、少し落ち着くと思いますよ。

47

子どもが右利きにしたがっている「いっしょに練習しよう」

あきえさん　子どもが左利きの場合、最近は無理に右利きにさせなくてもいいといわれているように私は感じています。ただ、もし自分の子どもが左利きで、（周りの子どもを見たりして）右利きになりたい、と思っているようなら、やはり練習などをして、右利きにしたほうがいいのでしょうか。デリケートなお話ですが教えていただきたいです。

遠藤先生　仮に左利きでも、最近では不便なことは少ないんじゃないかと私は思いますので、無理にしなくてもいいのではないでしょうか。ただ、**子ども自身が気にし始めて、右手でがんばってなにかをしようとしているのならば、応援するのがいい**と私は思います。

親が無理に右利きにさせようとすると、子どもにとってはストレスになってしまうこともあるかもしれません。子どもが左利きのままで日々の生活に支障がないのであれば、そのまま見守っていていいのではないでしょうか。

今まで多くの子どもを見てきましたが、文字を書き始める段階で、自分が他の子どもと利き手が違うことに気づき、左が書きやすくても右で書いてみるなど、気にして変えようとする子どもも一定数いるように感じました。

#2歳

もしそういうことであれば、**「それが子どもの選択なんだ」と思って、親は子どものチャレンジを応援してあげてほしい**です。「いっしょに練習しよう」などと声かけしてあげると、なおよいかもしれませんね。

あきえさん　うちの子どもも最初は左利きかなと思ったのですが、子どもが使っていたタブレット教材の見本が右手になっていたみたいで、それを見てから、真似して右手でやるようになっていました。

遠藤先生　子どもの脳は柔軟なので、子ども自身の希望、願いをもとに経験を積んでいくことによって、じょじょに対応できるようになるんですよね。

大事なのは

子どもの気持ちを尊重して、応援すること

48 子どもが甘えてきたけれど忙しい

「よくがまんしてくれたね。ありがとう」

大日向先生　こういうときは子どもが甘えたい状況だとわかった上で、「今は応えてあげられない」ということを伝えるのが大事です。赤ちゃんは「甘える」という感覚がないまま、親に甘えてきます。しかし2、3歳になると、子どもも甘えるのが少し恥ずかしいと思いながら、甘えたり駄々をこねたりしてくるのです。

もちろん親はできるだけそれを受け入れてあげたいと思いますが、それが難しい状況もありますね。そのときは「今はダメなの」とはっきり断ったうえで、手が空いてから「さっきはよくがまんしてくれたね。助かった、ありがとう」と伝えましょう。「偉い」よりも「ありがとう」という言葉が良いと思います。

あきえさん　「偉い」はちょっと上から目線の感じがしますよね。

大日向先生　**「ありがとう」という言葉は子どもだけでなく、大人も言われるとうれしい言葉**だと思います。

あきえさん　親はすぐに甘えに応えられないと負い目を感じることもあると思うのですが、そこまで気にしなくていいでしょうか?

大日向先生　そうですね。親にもしなければならないことがあるので、無理なときは無理と

#2歳 #3歳

大事なのは

「子どものがまん」に対する感謝の気持ちを伝えること

はっきり伝えることも大切です。無理なのに嫌な顔をして受け入れても、イライラしてしまうだけ。忙しい、疲れている、眠いなど、今は難しい理由をちゃんと伝えれば、子どももわかってくれると思います。ただ、いつまでも甘えられないと思わせないように、「これが終わったらね」「もう少しだけ待ってね」など目安を教えてあげることも大事。できるようになったら、しっかりフォローをしましょう。

あきえさん　私も振り返れば「ちょっと待って」ばかり言っていると痛感。ただ「ちょっと待って」と言うほうが、状況が辛くなるときも。そんなときは**「ちょっとだけね」と先に甘えさせて気持ちを満たしてもらうこともあります。**

49 子どもが自然の中で遊びたがる（命の危険のない場合）

「気をつけながら楽しく遊ぼうね」

#2歳 #3歳

大日向先生　子どもがせっかく自然に興味を持ったのに、汚いし、危ないからあれもこれもしちゃダメ、なんて言ってはいけないと思いますよね。でも転んだら、ケガをしたらと考えると、親は「危ない！」「やめなさい」とついしかってしまいがちです。

日本も昔は地域ぐるみで子どもを見ていたので、遊んでいて危ないことがあると近くの大人が注意をしてくれました。でも今はひとつ間違うと虐待だと思われたり、周りの目を気にしてマナーを教えなくてはいけないときにうまく伝えられなかったりと、「最近の子育ては大変だな」と感じますね。

もし**本当に健康を害したり、命に関わるようなことをしようとしたときは、それは「絶対にダメ」と強く言うべき**です。でも昆虫に興味を示しているのに親が苦手という理由だけで止めるのは、子どもの可能性を奪うことになるかもしれません。過剰に危ない、汚いなどと言いすぎるのもよくないですし……バランスが難しいですね。

あきえさん　うちの子どもも、前は泥遊びのしかたがあまりわかっていなくて、「土でどうやって遊ぶの？　汚れるよ」と言っていました。そのときに**自然と触れ合う環境をあまり与えられていなかったのかもと反省しました。**

大日向先生　子どもだけに任せるのも勇気がいることですしね。

あきえさん　個人的に普段ならば止めてしまいがちなのが、水たまりに入って遊ぶこと。楽しそうなので止めたくないのですが、「替えの靴を持ってきていないし、洗濯が大変になって嫌だな」なんて、大人はつい思ってしまいがちですよね。

大日向先生　親に余裕があるときは、やらせてあげるのがいいかもしれませんね。もし状況的に難しいときは、その理由をちゃんと伝えるようにしましょう。

大事なのは

本当に危ないことは注意して、そうでなければ見守ること

50

親が苦手なことでも教えたい

「私はできないけれどすごいね」

大日向先生　子どもでも大人でも嫌いなものや苦手なものはありますよね。自分の子どもだからといって、親が苦手だったり、あまり知らないことまですべて子どもに教えるというのは難しいと思います。

物事を学ぶ機会は親からだけではありません。例えば昆虫だったら園の遊びの中でも、小学校に入れば授業の中でも学ぶ機会に恵まれると思います。もし昆虫採集をしたいと子どもが言い出したら、林間学校に行かせるなど、親ができないことは第三者にアウトソーシングしてもいいのではないでしょうか。子どもの成長の責任は親にだけあると思いつめてしまうと、子育てを楽しめなくなってしまうかもしれません。

あきえさん　私がまさに虫が得意ではないんです。でも以前に番組で言っていたことで印象に残っているのは、**「子どもって親の失敗や苦手が大好物」**だということなんです。

私にできないことがあると子どもは、「ママはできないんでしょ」とうれしそうに話してきます。それ以来、子どもには私が車の運転と虫とおばけが苦手ということを共有しました。そうしたら息子は「自分のほうが虫にくわしい」と、誇りに思い始めたんです。だから例えば我

#3歳 #4歳 #5歳

大事なのは

子どもの興味・関心を、親は否定せずに伸ばしてあげること

が家にクモが出たりすると、それを子どもが取ってくれて、すっかり虫担当になってくれています（笑）。私がいい意味で反面教師になっているみたい。それからは虫に限らず、私ができないことや失敗を子どもに見せて共有することが恒例になっていて、子どもの反応も含め、とても楽しいです。

大日向先生　それはとても良いことだと思いますね。親が苦手なことや嫌いなことであっても、それを理由に子どもをしかる、なんてことはダメですよね。

「私はできないけれどあなたはすごいね」と、子どもの得意なことを伸ばしてあげるのがいいのでは、と思います。

51

上の子どもをキツくしかってしまう

「さすがお兄ちゃん、お姉ちゃん」

大日向先生　下の子どもが生まれると、親は上の子どもを実年齢よりも上に見てしまいがちです。上の子どもに対する期待が大きくなり、「どうしてできないの？」と思ってしまいます。おそらく生まれて間もない赤ちゃんのかわいさとの、ギャップのせいなのでしょう。

「お兄ちゃん、お姉ちゃんなのに」「お兄ちゃん、お姉ちゃんだから」はひかえて、「さすがお兄ちゃん、お姉ちゃん」とほめながら甘えさせてあげてください。上の子どもはおそらく、自分が甘えるのは恥ずかしい年齢だということはわかっていて、それでも甘えているんです。一方でほめて、一方で赤ちゃん扱いしてあげるのが大事だと思います。

あきえさん　うちも下の子どもが生まれたときに、上の子どもに対して無意識にキツくしかってしまっていたことがあると思います。**我が家で今、意識して行っているのは上の子どもとふたりの時間をとること。**この間の休日には私と上の子ども、パパと下の子どもでお出かけをして、兄妹がいっしょだったらできないことを叶えてあげました。子どもと1対1で過ごすと見えかたがまったく異なり、「本当はここで手をつないで歩きたかったんだ」と気づくことも。

#3歳
#4歳
#5歳

大事なのは

ときには上の子どもとふたりきりの時間を持つこと

いつもよりも上の子どもとふたり穏やかに過ごすことができたし、パパいわく下の子どもも満足していたようでした。1対1で過ごす時間は今後も定期的に取り入れたいと思いました。

大日向先生　上の子どもと1対1の時間を持つことは大切です。実をいうと赤ちゃんは、甘える相手が親でなくても大丈夫なんです。赤ちゃんは祖父母や他の人に預けて、上の子どもとの時間を確保するようにしましょう。**兄弟姉妹がいる子どもが求めているのは平等な愛ではなく、特別な愛。**自分だけが親と過ごす時間に特別な想いを感じてくれると思いますよ。

あきえさん　1対1で過ごすことで親もリフレッシュできて、とても良かったです。

＼獣医師で、公認心理師・臨床心理士の濱野佐代子先生に聞く！／

ペットとの関わり

子どもがペットを飼いたがった「もし捨てたりしたら、この子は生きていけないんだよ」

#3歳 #4歳 #5歳

濱野先生　まずは飼う前に、家族みんなでペットを飼う心がまえについて話し合うことが大切です。最期までペットを幸せにしてあげることができるのか、子どもにも考えてもらい、「もし捨てたりしたら、ペットだけでは生きていけないんだよ」と子どもがわかるように説明しましょう。そのような話をしっかりしてから、ペットを迎えるかどうかいっしょに決めるのがいいと思います。

　飼育環境を整え、ペットとの愛情や信頼関係を築くことで、自分自身を尊敬できたり、「きちんと世話をしなければいけない」という気持ちが、責任感や忍耐力を身につけることにつながります。

　また、親として考えるべきなのは、現時点でペットを飼う余力があるかどうかということ。子育てをしながらペットを飼うとどのような生活になるのか、どういった世話をしなければいけないのか、しっかり調べて考えることが大事です。家族の中に飼育経験者がいれば初めて飼うよりも知識があり、余裕があるかもしれませんが、余裕がないと感じるのであれば先送りにするのがいいでしょう。

どのように関わって教えていくのがいいのか難しい、子どもとペットの関係。
ペットと子育てについて、人と動物の関係学が専門の濱野佐代子先生に教えてもらいました。

子どもがペットに乱暴をする

「そんなことしちゃダメだよ、この子が痛がっているよ」

#2歳 #3歳

濱野先生　子どもがペットに手を出してしまうのは、おそらくペットへの関心が高いから。子どもの興味や探究心を大切にしつつも、子どもとペット、両者の安全を第一に考えてください。どのようなことをするとペットが嫌がるのか、適切な関わりかたを教えてあげましょう。

そして、「そんなことしちゃダメだよ、痛がっているよ」というように、ペットの気持ちを代弁してあげてください。そうすれば子どももペットがどう感じているか理解できるようになります。また、相手の立場になって気持ちを考える練習にもなるでしょう。

子どもとペットの不適切な関わりを楽しい遊びに変えられるように工夫してみてください。例えば「ボールを使っていっしょに遊ぼう」など、子どもとペットがともに楽しめる遊びを提供してください。ただしケガの心配もあると思うので、必ず大人の目が届く範囲で触れ合わせるようにしてください。

ペットが亡くなった

「みんな命はひとつしかない。とっても大切なものなんだよ」

#3歳 #4歳 #5歳

濱野先生　大人はもちろん、子どもにとっても悲しい出来事だと思います。子どもが悲しみから立ち直るために、親が寄りそいサポートしてあげることが大切。親は「自分が悲しんでいる姿は見せないほうがいい」と考えがちですが、そのようなことはありません。家族の一員が亡くなったのですから、子どもといっしょに悲しんでいいと思います。

ひとつ気をつけたいのが、子どもは「ペットが自分のせいで死んでしまった」と、そうでなくても思いこんでしまうことがあるということ。もしそのように思っていたら、「あなたのせいじゃないよ。違うよ」と伝えてあげてください。

ペットが亡くなったことは悲しいことですが、「命はひとつしかない」と子どもが命の大切さを実感できる機会にもなるのです。

ペットを亡くした悲しみを乗り越える経験は、今後の人生で大切な人の死や、辛い経験などに遭遇したときに、乗り越えて回復する力を育むことにつながると思います。

第7章

子どもから難しい質問をされたときの声かけ

52

決めたことに「なんで?」と聞いてきた

「なんでだろうね、なんで?」

柴田先生　1歳や2歳など小さいうちであれば、"なんで"という言葉や音が気になっているのでしょう。まだ本当に理由が知りたい年齢ではありません。そういうときに**「○○しないとダメ」「○○だからだよ」のようなことを言っても、意味を理解するのは難しい**です。

これくらいの年齢であれば「なんでだろうね、なんで?」と返してあげればいいと思います。子どもは「なんで?」という言葉の音が面白く楽しいはずなので、親がそう返したら喜ぶのではないでしょうか。

あきえさん　もう少し大きい、言葉の意味がわかるようになった子どもの場合はどうですか?

柴田先生　本当に意味を知りたい「なんで」が出てくるのは4、5歳くらいからですね。ものの道理がわかってくるので、理由を聞きたがるのです。そこでごまかすような答えをすると「わからないの?」と言われてしまうので、きちんと答えてあげるほうがいいでしょう。

あきえさん　「なんでだと思う?」の質問返しはどうですか?

柴田先生　それも良い声かけですね。そうすると子どもは自分で「なぜなのか?」を考えるようになります。

大事なのは

子どもの年齢に応じて返答のニュアンスを変えること

以前に外で遊ぶときに「靴を履きなさい」と言うと、「なんで？」と聞かれたことがありました。「ケガをするから危ないでしょ」と答えると、「そういうことはたまにだから大丈夫。自分の足だから自分で考える」と言われたことがありました。

あきえさん　子どもが「なんで？」と聞くのにも年齢によって段階があるんですね。子どもが小さい頃に「なんで？」と聞かれても、それに音遊びで返すような余裕が、私を含めた多くの親にあまりないように感じます。**いっぱいいっぱいで、なかなかノリよく子育てができないというか、つい真面目になってしまいがち**なんですよね。気をつけたいと思います。

53

大人になりたくない、死にたくないと言われた

「怖いね。でも今は元気だから大丈夫だよ」

柴田先生　4歳くらいになると命に限りがあることを理解し始めます。そうすると「**私が大人になると、お母さんはおばあちゃんになって死ぬってこと？**」と言うように。そして大きくなりたくないと言い始めるのです。

そしてそういうときに、例えばお葬式などがあると、子どもは非常にショックを受けてしまいます。また別の子どもは親が具合が悪いときに点滴を受ける姿を見て、親が死んでしまったらとおびえるように。そこから親が元気になっても、「離れている間に死んでしまったら困る」と出かけるのを嫌がるようになりました。

#4歳 #5歳

大事なのは

親自身が自分の人生を楽しんでいる姿を子どもに見せること

ただ人間は恐れていることがあっても、その気持ちをずっと持続はしないんです。大人もそうですが気持ちは薄れていって、なにかあったときに思い出す。なので、子どもにも死に対する気持ちが強くなる瞬間が来るのですが、そういうときは否定せずに、「怖いね。でも今は元気だから大丈夫だよ」と伝えてあげるのがいいと思います。

「どうなるかわからない」などおびえさせるのはNG。「私も死んだことがないからわからないけれど、どうやら天国っていう楽しい場所があるから大丈夫な気がするよ」など安心できるように伝えてみましょう。

あきえさん 私も上の子どもに聞かれることがありますが、「天国って場所があるよ」や「生まれ変わるって話もあるらしいよ。また同じ家族がいいね」など楽しい感じで話しています。

大人になりたくないという部分については、私の親が大人の人生をとても楽しんでいるタイプでした。それを見て子どもながらに「大人は楽しそう」と思っていたんです。だから、**私も自分の楽しんでいるところを子どもに見てほしい**と思って過ごしています。

柴田先生 子どもは親のなにを吸収しているかわかりませんが、楽しそう、うれしそうという気持ちが一番届くんでしょうね。

あきえさん 親自身が一番楽しんでいることが子どもにとってもいいんでしょうね。

54

男女で便器の形がどうして違うの？

「おしっこのしかたが違うからだよ」

北山先生　子どもたちがひとりで排泄できるようになってきたら、絵本などを使いながら男女では性器の形が違うことをまず教えましょう。そこから、男の子は立ったままでもおしっこができるけれど女の子は難しいことなど、排泄のしかたも違うから使うトイレも異なると伝えるのがいいと思います。

女の子の中には保育園や幼稚園で男の子が立っておしっこをしているのを見て、自分にもできるのではと試す子どももいるんですよ。もちろん上手にはできず、それで疑問に思うこともあるんです。

保育園や幼稚園では男女のトイレが同じ場所にあることが多いのですが、子どもが「どうして男女で便器の形が違うの？」と聞いてきたら、「おしっこのしかたが違うからだよ」と伝えてあげれば理解しやすいと思います。もう少し大きくなって、男女でどうしてトイレが別かと聞かれた場合は、「男の子と女の子は性器の形がちがうからだよ。おうちのトイレのように、男の子も女の子も使えるトイレもあるよ」と答えてみてはどうでしょうか。

あきえさん　うちの子どもはあまりトイレに関しては疑問を持っていないようだったので、私

#3歳 #4歳 #5歳

大事なのは

男の子と女の子の「違い」をやわらかく伝えること

から、「どうして街のトイレは男女でわかれているのかな」と聞いてみました。

すると、普通に「**性別が違うからでしょ。おちんちんとおまたは違うから、見られたら恥ずかしいでしょ**」と。なんとなく理解はしていたようです。

北山先生　そのような感覚を持っているのはすごいですね。私が幼稚園の保育者から聞いた話ですが、立っておしっこしているときに、後ろから見られるのが恥ずかしい男の子も多いようです。今後は女の子だけでなく、男の子の立ちトイレにもそれぞれ見えないような間仕切りなどができて、プライバシーが守られるような社会になればいいなと思います。

55

子どものプライベートパーツへの疑問

「大切な場所だから、さわっていいのは自分だけだよ」

北山先生　子どもは2歳から3歳くらいになると大人と子どもの身体の違いに気づき、男女の身体、特に性器の違いに気がつくといわれています。自分自身の身体と周りの人たちの身体に興味を持つようになり、見てみたい、触ってみたいと思うこともあり、お医者さんごっこなどをするようになるんですね。

年齢の近い異性の兄弟姉妹がいると目にする機会も多いので、自分と違うことがじょじょにわかってくると思います。もしそういうことが話題になったら、男女の性器の形、排泄のしかた、洗いかたの違いなどを伝えてあげるといいでしょう。**プライベートパーツとは身体の内側につながっている口、性器、お尻、そして胸のこと**で、「自分だけが見たり、さわったりしていいところだよ」と教えてください。

あきえさん　性教育って難しいし、「できれば触れたくないな」と、以前は思っていました。でも番組で性教育はお風呂などで、今日からでも取り入れられると聞いて。小さい頃から日常的に教えるのが良いのだと知りました。なので、我が家では性教育に関する絵本を何冊か買って、子どもたちと読むように。その中で「親も理由があるときはさわるけど、プライベートパーツ

#2歳
#3歳

を洗ったりさわったりしていいのは自分だけ」と伝えるようにしています。ある日、薬をぬるためにさわったら、下の子どもに「ママ、勝手にさわったらダメだよ」と言われて。ちゃんと理解しているのだと驚きました。

北山先生　良いですね。まとめて伝えるよりも日々の生活の中で話していくのが効果的です。周りにいる大人がどのような意識でいるかで、環境は大きく変わりますね。

あきえさん　**子どもに話しづらいと思うのは、大人もちゃんと知らないから**ですよね。個人的には絵本から入るのがおすすめ。今はいろいろな内容の絵本があるので、そういったものの力も借りながら、今後も向き合っていきたいです。

大事なのは

日々の生活の中できちんと向き合い、教えていくこと

56

男女の身体の違いについて

「大人になって赤ちゃんを産むために身体が違うんだよ」

北山先生　2歳から3歳くらいになると男女の身体の違いがわかるため、子どもは疑問を持つのだと思います。なぜ違うのかと聞かれたら、大人になって赤ちゃんを産むことができるように、男女の身体は違うと説明してあげましょう。

子どもが知りたいと思うのは、自分はどこからどうやって生まれてきたのか、そして自分の命のもとはどうやってできたのか、ということです。年齢にもよりますが、男の子の身体の中にも女の子の身体の中にも赤ちゃんになるもとがあり、大人になってそのもとがいっしょになると赤ちゃんになるんだよ、と答えるのがいいと思います。

さらに年齢を重ねるとどうやって男女の命のもとがいっしょになるのかという〝性行為〟に興味を持つようになります。そのときには科学的に答えてあげることが大切です。絵本を使ったり、動物の交尾などを通して、伝えてあげるとわかりやすいでしょう。

あきえさん　**うちはお兄ちゃんと妹で身体が違うことは小さい頃から見ているので、「それぞれ身体が違うよね」とは言うけれど疑問には思っていない**ようです。それよりも「ママの胸はふくらんでいるのに、なんでぼくたちはない

#2歳
#3歳

の？」と。大人と子どもの身体の違いを疑問に思っていたので、「赤ちゃんを産んだ後におっ

ぱいをあげるためにふくらむんだよ。だからそのうち妹もその準備のために少しずつ大きくなるよ」と伝えました。

北山先生　子どもにわかりやすい、すごく良い答えだと思います。

よく男の子にはおちんちんがあって、女の子にはないという言いかたをしますよね。**実際にはないわけではなく、見えにくいけれどあるの**です。私が少し心配に思うのは、そう思ってしまうことで子どもが〝ない人のほうが劣っている〟と勘違いしてしまうこと。そういう考えかたにならないようにするためにも、小さい頃から身体のつくりをしっかり理解することは大切ですね。

大事なのは
将来子どもを産むために必要な「違い」があると教えること

57

子どもが生まれるしくみについて

「男女それぞれに命のもとがあって、それがひとつになるとおなかで育つんだよ」

北山先生　子どもの興味は、どこから生まれたのか、どうやって生まれるのかという部分だと思います。どこから生まれたのかという疑問は、子どもが生まれてくるしくみや、性器のつくりを説明すれば理解しやすいです。

男女それぞれに命のもとがあり、男の人の命のもとを女の人に送り届けて合体するとおなかの中で赤ちゃん（胎児）になる。その赤ちゃんが外の世界に出ても大丈夫となると、生まれてくるんだよ、と教えてあげるのがいいのではないでしょうか。**子ども向けの絵本やアニメの力を借りつつ話すと、よりわかりやすい**と思います。

#4歳
#5歳

大事なのは

親と子どもが性について気軽に話せる関係をつくること

あきえさん　我が家でも5歳の息子にそういう話を日頃からしています。ある日、アニメで同じような内容を見たときに「ぼく、知ってるよ」と言っていて、きちんと理解していたのだと思いました。

あとは生理について疑問に思うようで、最初お風呂で経血を見たときに「どうしたの？」と驚いていました。きちんと教えるか悩みましたが、「女の人は赤ちゃんのためのベッドをつくっていて、赤ちゃんが来ないと外に出る」と説明。それを聞いてからはケガをしたわけではないとわかったようで、「痛くないよね？　大丈夫だよね？」と安心していました。

北山先生　良い伝えかたですね。月経について伝えるかどうか、あえて経血を見せるかどうかは家庭によって考えかたが分かれる部分ではあります。わざわざ見せることはないと思いますが、たまたま目にする機会があれば、月経について伝えるといいと思いますよ。

あきえさん　**周りのママ友の中にも性教育を子どもにするのを苦手に感じている人も多い**です。なにかアドバイスはありますか？

北山先生　身体や性は身近なもので、子どもが知りたいことはたくさんあるはず。わざわざ時間をつくるよりも子どもが質問してきたら、そこで教えるといいと思います。また、そういうことを子どもが気軽に聞ける、親子の関係をつくっておくことが大切ですね。

58

戦争について

「興味を持ったことがすごいよ。いっしょに考えていこうね」

大日向先生　世の中のことには明確に正解があるものもありますが、そうでないものも多くあります。こういうときに私がいつも伝えているのは、「わからないことも、正解がひとつじゃないこともあるのよ。でも興味を持ったことがすごいからこれからも考えていこうね」ということ。まずは子どもが**質問してくれたことをうれしく思う気持ちを伝えて**ください。

人を殺したり、ものを破壊したり、戦争は絶対に許されることではありません。でも戦争に至る原因もさまざま。どちらか一方だけが100％正しくて、もう一方が100％悪いということではないのです。

4、5歳くらいの子どもにそのすべてを理解させるのは難しいと思いますが、怖いね、悲しいねという気持ちは共有しましょう。「人の命を奪うことは絶対にダメ。みんな辛くて悲しい。それなのに戦争がなくならないのはなぜ？　難しいことだけれど、いっしょに考えようね」と話してみてください。

あきえさん　番組で戦場カメラマンの渡部陽一さんが来てくれたときに言っていたのが、「どの国も共通しているのが、自分の家族を守りたい」ということ。それを聞いて、「**ママは戦争**

#4歳 #5歳

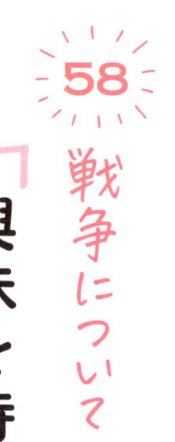

大事なのは

その問題に対する子どもの「気づき」をほめること

が嫌だと思っているよ。家族が死んだら嫌だね」ということは伝えられたのですが、それ以上は言えませんでした。

今のお話を聞いて、私も質問してくれてうれしいこと、考え続けようということは伝えようと思いました。

大日向先生　大人の出した答えを鵜呑みにせず、考え続ける教育は、子どもが生きていくうえでとても大切だと思います。4、5歳の子どもが戦争のすべてを理解するのはまだ難しいでしょう。気づいたことをほめて、さらに考え続ける大切さを伝えていただけたらと思います。

それは、「平和がいかに大切か」ということを考えることでもありますね。

おわりに

『すくすく子育て』の番組収録では、専門家からの温かな言葉を聞くたびに、
親子の愛の豊かさや、純粋に健気に生きようとする子どもへの尊敬の念が想起され、
胸が熱くなることがよくあります。
今回の本にはそのエッセンスが凝縮されています。

5年間、番組司会を務める中で、
専門家の言葉を柔軟に吸収し、ふたりの子育てに真摯に向き合ってきた、
あきえさんの知恵や喜びも詰まっています。
私たちが他者とコミュニケーションをとる際には、
その人の性格や状況を考慮して声のかけかたを工夫します。
それでも、伝えることは難しいと感じます。
一方で、我が子には固定観念や期待をつい言葉にしてしまいがちですよね。

忙しい日々のふとした瞬間に、子どもの気持ちに想像を巡らせたり、ひとりの人間として尊重を持って向き合おうとすることが、親子のきずなをより強いものにしてくれると感じています。

「言葉が未熟な子どもでも、五感で感じる力は大人よりも鋭い」と専門家から教えていただきました。

子どもは親の気持ちを感じ取っているのです。
互いの反応や変化をよく観察し、気持ちを通じ合わせる姿勢でいれば、言葉は自然と美しく響き合うのかもしれません。
やがて、子どもが「成長」という形で、気持ちを返してくれるとうれしいですね。

とはいえ、疲れてイライラしたり、不安に押し潰されそうになることもありますよね。
そんなときには、この本を手に取って、やさしい言葉の数々に触れてみてください。
すっと心が軽くなるかもしれません。

NHK『すくすく子育て』制作班

鈴木あきえ

1987年、東京都生まれ。タレント、リポーターとして活躍中。2007年～2017年までTBS『王様のブランチ』でリポーターを務め、2019年から5年間にわたりNHK『すくすく子育て』の司会を担当した。5歳と3歳の子育て中。

NHK『すくすく子育て』

子育てに関する悩みや疑問をテーマに、各界の専門家とともに考える育児番組。しつけ、教育、発熱時のケア、夜泣き、食事、親のストレスなど、あらゆる子育ての困りごとを解決します。

撮影	徳永徹
スタイリング	近藤伊代
ヘア＆メイク	谷村真美
装画・挿絵	のだかおり
装丁・本文デザイン	棟保雅子
編集協力	酒井明子

子どもと親のきずなを深める

やさしい声かけ

2024年11月19日　第1刷発行

著	鈴木あきえ、NHK『すくすく子育て』制作班
発行人	川畑 勝
編集人	滝口 勝弘
企画編集	石尾 圭一郎
発行所	株式会社 Gakken 〒141-8416　東京都品川区西五反田 2-11-8
印刷所	大日本印刷株式会社
DTP	株式会社アド・クレール

〈この本に関する各種お問い合わせ先〉
・本の内容については、下記サイトのお問い合わせフォームよりお願いします。
https://www.corp-gakken.co.jp/contact/
・在庫については　Tel 03-6431-1250（販売部）
・不良品（落丁、乱丁）については　Tel 0570-000577
学研業務センター　〒354-0045 埼玉県入間郡三芳町上富 279-1
・上記以外のお問い合わせは　Tel 0570-056-710（学研グループ総合案内）